LA MASA MADRE

Si este libro le ha interesado y desea que lo mantengamos
informado de nuestras publicaciones, puede escribirnos a
comunicacion@editorialsirio.com,
o bien suscribirse a nuestro boletín de novedades en:
www.editorialsirio.com

Título original: Sourdough: 101 Recipes for Rustic Fermented Breads, Sweets, Savories and More
Traducido del inglés por Antonio Luis Gómez Molero
Diseño de portada: Editorial Sirio, S.A.
Maquetación y diseño de interior: Natalia Arnedo

©   de la edición original
     2015 Sarah Owens

©   de las fotografías
     2015 Ngoc Minh Ngo

Publicando con el consentimiento de Shambhala Publications Inc.

©   de la presente edición
     EDITORIAL SIRIO, S.A.

     EDITORIAL SIRIO, S.A.
     C/ Rosa de los Vientos, 64
     Pol. Ind. El Viso
     29006-Málaga
     España

www.editorialsirio.com
sirio@editorialsirio.com

I.S.B.N.: 978-84-17030-43-8
Depósito Legal: MA-1268-2017

Impreso en Imagraf Impresores, S. A.
c/ Nabucco, 14 D - Pol. Alameda
29006 - Málaga

Impreso en España

Puedes seguirnos en Facebook, Twitter, YouTube e Instagram.

Sarah Owens

LA MASA
MADRE

Recetas de pan rústico fermentado,
dulces, aperitivos y más

Editorial
SIRIO

Dedicado a la memoria de mis abuelas,
que me enseñaron a cocinar con los productos de la huerta
y de la recolección silvestre

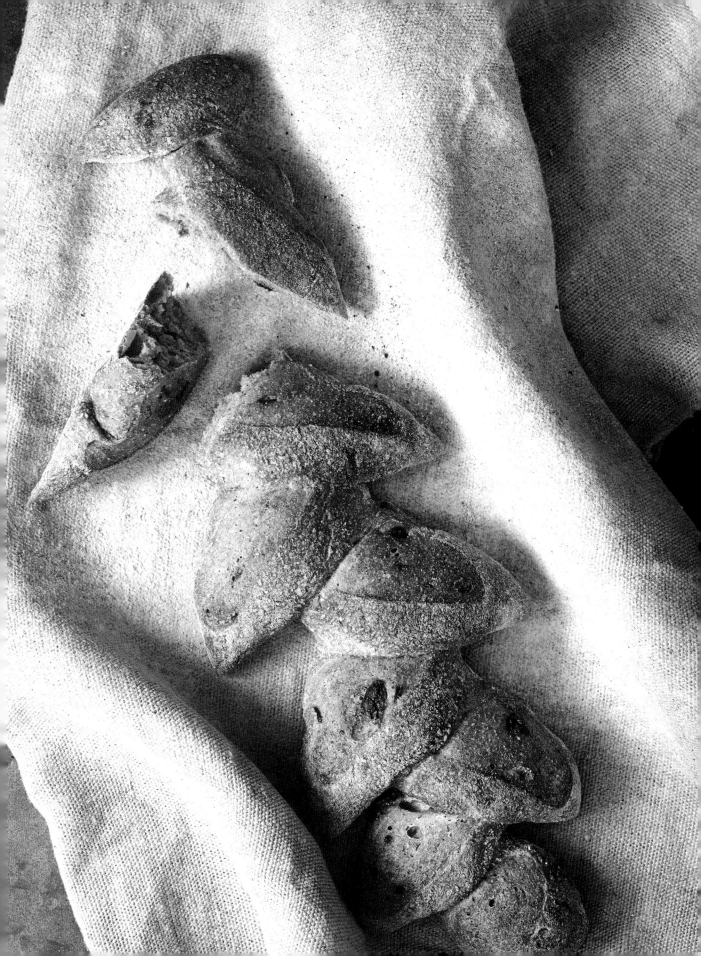

INTRODUCCIÓN

Mediados de julio, es un atardecer sofocante en una pequeña cocina de Brooklyn en la que se arremolinan bocanadas de aire caliente. Me paso un cubito de hielo por la frente y luego lo dejo caer en mi bebida. Veintiuna barras de pan saldrán de mi minúsculo horno antes de que amanezca. Al quitar la tapa de hierro fundido de los hornos holandeses, llenos de masa, hago un esfuerzo concentrado para que el metal caliente no se me caiga sobre los dedos de los pies. Me veo de reojo en el espejo: todavía tengo hojas en el cabello de haber estado trabajando en el campo, solo llevo un sujetador deportivo y unos pantalones cortos tipo *boxer*. Este es mi viernes por la noche en Nueva York. Así es mi vida de jardinera y panadera.

Me pregunto cómo y por qué comencé a dedicarme a esto: no hay ningún glamur en amasar humildemente la masa, sudando copiosamente junto a un horno, o en cultivar la tierra. Como panadera, en apariencia proporciono barras de pan nutritivas y deliciosas a una comunidad que me apoya y que sabe apreciar la comida sana. Pero mi intención es alentarla a descubrir la profundidad de lo cotidiano. Si mis clientes responden con la más ligera curiosidad por el proceso de cultivo de la masa madre o empiezan a cuestionarse el origen de los cereales con los que se elabora su pan, esto me hace sentirme aún más contenta. Ser capaz de educar y al mismo tiempo de satisfacer el hambre visceral es lo que me da fuerzas y hace que valgan la pena las largas horas, el calor exasperante y las escasas ganancias. Decir que trabajo por amor al arte se quedaría corto.

Como jardinera pública, gran parte de mi trabajo consiste en proporcionarles a los visitantes una experiencia parecida. En el contexto del jardín se trata de experimentar la belleza y olvidarse del entorno, en ocasiones un tanto opresivo, de Nueva York. Si el visitante sale de él queriendo saber más sobre las rosas Heritage o el equilibrio entre los insectos beneficiosos y los perjudiciales, se convierte en algo más que

un trabajo. Esta combinación de jardinería y panadería me mantiene enraizada en mi comunidad en lo que de otra forma sería un entorno urbano fragmentado. No se trata de una relación estática sino que intentamos desarrollar un diálogo. Cuando este se centra en algo que fácilmente podemos dar por sentado, empezamos a vivir la vida plenamente e inspiramos a los demás a hacer grandes cosas.

Mi amor por la vida, que me lleva a cultivar la tierra y a alimentar la masa madre, me viene de una infancia rica en actividades al aire libre. Lo normal en los domingos era oír la campana de la cena, seguida por una serie de bocinazos cada vez más impacientes de la camioneta Dodge Ram de 1977 aparcada junto a la puerta de la cocina. Tenía las manos cubiertas del lodo frío de un manantial cercano de donde sacábamos el agua y sentía bajo los pies descalzos la aspereza de los berros. Enseguida soltaba los cangrejos recién capturados que luchaban por un poco de espacio en la cuba y corría por los campos de Queen Anne de vuelta a la granja. El aroma de la comida del domingo flotaba en el aire húmedo antes de que pusiera el pie en el dominio tiznado de carbón de mi abuela. Este era nuestro ritual semanal organizado por la matriarca de la familia Owens, un festín de comida casera, cultivada por nosotros, en el que todos participaban, dejando a un lado sus preocupaciones.

Estas reuniones iban precedidas por una semana de trabajo en el huerto o en el campo y se abastecían con los humildes frutos estacionales de esa labor: por ejemplo, calabaza frita, acompañada de chuletas de los cerdos de nuestro vecino, salsa y galletas regadas con té dulce. En ocasiones, comíamos espaguetis con

salsa aromática de tomates frescos del huerto y una barra caliente de pan elaborada con la masa madre de la abuela. Los fines de semana los solíamos pasar sentados bajo los castaños, con el olor a lluvia que subía por el valle hasta alcanzar nuestro tejado de cinc —esta era la señal para echar una siesta propiciada por la pesadez de los hidratos de carbono—. Los ladridos de los perros anunciaban que llegaba visita por el medio kilómetro de carretera llena de baches. Con un poco de suerte, mi padre y su escandaloso hermano entretenían en el porche trasero a los invitados con bebidas y sesiones improvisadas de música mientras yo tallaba un trozo de madera que apoyaba en mi regazo. Jamás me aburrí de niña, y la televisión no me interesaba. A nadie le preocupaba ni le avergonzaba lo más mínimo que tuviera los pies siempre manchados del barro rojo de las colinas del este de Tennessee.

Siempre teníamos cosas que hacer en esas cincuenta y seis hectáreas. Había que llevar a las cabras de un pasto a otro, cultivar el huerto, podar la vegetación junto a los vallados, preparar las balas de heno... A los nietos nos animaban a explorar el bosque cuando no estábamos ayudando en las tareas domésticas, a levantar los tocones de los árboles para ver qué criaturas aparecían. Sabíamos que los vecinos nos vigilaban, confiábamos en ellos y les correspondíamos haciéndoles regalos o favores. Gozábamos de libertad para explorar la naturaleza y aprender los valores éticos del esfuerzo y la comunidad en la vida rural.

Desde entonces he intentado recrear los fenómenos naturales que contemplé en esa niñez maravillosa. La perfección, que las irregularidades del universo expresan sin esfuerzo,

ha sido el objetivo de incontables exploraciones personales y artísticas. Mi vida evolucionó al ofrecer el trabajo de mis manos, convirtiéndome en agente de la naturaleza y llevándome por último a investigar los campos de la gastronomía, el arte y la horticultura. Me esfuerzo en ser un vehículo de las fuerzas del aire, el agua, la tierra y el fuego para permitirles crear, a través de mí, lo extraordinario y lo corriente.

En mi labor como ceramista, esto se manifestó en grandes expresiones de textura orgánica y forma. Pasé horas estudiando humildes vainas de semillas en un estudio situado en la ribera de un lago en el bosque de Bernheim, una de las arboledas más hermosas de Estados Unidos. Las líneas de dehiscencia* y los patrones divinos de la naturaleza se traducían en criaturas fantásticas de cerámica a las que no era posible encontrar una función. Lo más frecuente es que estas esculturas terminaran en el recibidor o en la mesa del salón de alguien y se convirtieran en el tema de conversación de la próxima reunión con los amigos que venían a tomar una copa a casa. Pero la posibilidad de disfrutar empleando un tiempo tan precioso en emular a la naturaleza me servía de acicate.

Finalmente, la carga de los préstamos estudiantiles y la realidad de la vida adulta me obligaron a tomar decisiones difíciles. Tras seis años como artista profesional, lo que antes me parecía un estilo de vida desfasado, con seguro médico, plan de jubilación y jornadas laborales con horas claramente definidas se había vuelto de lo más tentador. ¿Sería posible conseguir

estos lujos sin sacrificar la pasión? Me planteé cómo podría cambiar mi perspectiva sin perder autenticidad. Un artista del cristal que se quejaba de la desaparición de la artesanía en muchas disciplinas me preguntó si alguna vez había pensado en estudiar en profundidad lo que inspiraba mi trabajo: la naturaleza. Esta pregunta me abrió a todo un nuevo mundo de posibilidades, en concreto el arte y la ciencia de la jardinería. Ciertamente, podría combinar mi amor por la naturaleza con las labores propias de la jardinería y encontrar un trabajo de verdad, a ser posible en un jardín botánico de una ciudad más grande. Me centré en este plan, y a los seis meses estaba recogiendo las cosas que tenía en mi estudio y abandonando con lágrimas en los ojos el solaz del bosque para sustituirlo por las calles de cemento armado de Nueva York y asistir a un programa universitario de horticultura.

Tras veintisiete meses intensivos estudiando todo lo relacionado con las plantas en la Escuela de Horticultura Profesional del Jardín Botánico de Nueva York, acepté el puesto de encargada de las rosas del Jardín Botánico de Brooklyn (BBG, por sus siglas en inglés), un puesto importante en la comunidad y que requería mucho trabajo. Los primeros días de enero los pasé controlando las rosas trepadoras del viejo jardín, amarrando las que sobresalían y limpiando la Colina de la Rosa, en la que tanta gente se reunía. Sin embargo, la necesidad más apremiante e inmediata era tratar una plaga poco conocida y fatal llamada el virus de roseta rosa. Se había diagnosticado

---

*N. del T.: en botánica, el término *dehiscencia* designa la apertura espontánea de una estructura vegetal, una vez llegada su madurez, para liberar su contenido.

varios años antes y estaba acabando con la vida de muchos de los especímenes más preciados de la Rosaleda de Cranford. Aparte de mis responsabilidades de conservación, se esperaba que evaluara y tratara este problema además de arreglar el jardín de la forma más bella posible, mostrando así su estado perfecto de salud. Era una tarea que me abrumaba.

Durante ese tiempo tuve que aprender a aceptar la enfermedad, tanto en las plantas como en los seres humanos. Durante muchos años había experimentado estrés digestivo, en forma de diferentes tipos de molestias. Pero en 2010 estos síntomas empeoraron y en un episodio bastante extremo perdí casi once kilos y medio en dos semanas. Tras un año más de episodios como este que aparecían y desaparecían, me sentí frustrada cuando los médicos me sugirieron que tomara fármacos innecesarios o que ¡trabajar con la tierra me hacía enfermar! Tomé el control de mi propia salud, para lo cual tuve que valorar con sinceridad las diferentes opciones de estilos de vida y adoptar un enfoque no convencional de la nutrición como elemento curativo. Lo que erróneamente había creído que era una alimentación saludable, combinado con un intestino irritable y el estrés de la vida urbana, se estaba cobrando un precio. Puede decirse que a la edad de treinta y tres años tuve que aprender a comer. No más alimentos «saludables» sin gluten con aditivos artificiales, píldoras de azúcar que supuestamente eran suplementos o raciones gigantes de comida procesada fácil de tomar sobre la marcha. Pero sin duda la medida que tuvo un mayor impacto positivo en mi salud digestiva fue introducir la masa madre en mi alimentación.

Convertir un jardín de rosas enfermo, dependiente hasta entonces de sustancias químicas, en un oasis natural de insectos y fuerza floral ha sido un ejercicio simbólico para hacer lo propio con mi cuerpo. Este despertar, que me permitió aceptar los mecanismos de la fermentación y las comunidades microbianas, dejar de tomar alimentos procesados y de usar fertilizantes químicos, echar mano de la paciencia cuando fuera necesario, aprender a dejar estar las cosas y a respirar, resultó beneficioso tanto en la cocina como en el jardín. Empecé a disfrutar alimentos que no había logrado digerir durante años. Ahora, en lugar de provocarme ansiedad, el pan era una experiencia agradable. Hornear con masa madre se convirtió en una expresión catártica de estos progresos y les permitió a mis manos transformarse en una guía meditativa de la masa. Al mismo tiempo, con la ayuda de un equipo de especialistas en jardinería, las rosas florecían en una explosión de color. La unión de estas disciplinas abrió una senda que ha terminado en un círculo completo y me ha aportado una inspiración infinita.

Pronto mi obsesión dio lugar a copiosas cantidades de pan y otros productos, demasiado para una chica que vivía sola. ¡Era adicta a algo sano y quería compartirlo! Contagiados de entusiasmo por mi nueva manía, mis amigos y otros jardineros empezaron a regalarme grandes cantidades de productos frescos para elaborar mis recetas. Ingredientes de mi jardín, como las hierbas, empezaron a colarse también en mi repertorio. Al poco tiempo, los amigos y compañeros de trabajo comenzaron a hacerme encargos para ocasiones especiales y para compartir con sus familias.

No he sido capaz de elegir entre estas dos profesiones; sus ritmos estacionales son casi inseparables y se apoyan mutuamente. Este libro es una expresión más de los vínculos instintivos con la naturaleza desarrollados al crecer en un entorno rural para cultivarme como ceramista y posteriormente como jardinera. He aprendido a expresar más estas tendencias a través de mi amor por los alimentos no procesados, los cereales de calidad y la gente que quiere compartirlos. Solo ha sido cuestión de organizarme con coherencia.

La panadería BK17, mi pequeño negocio basado en un sistema de suscripción, nació como un esfuerzo para abastecer a mis clientes de forma sistemática de un buen pan elaborado con ingredientes locales. Elegí este modelo porque me permitía planificarme. Como conocía de antemano la cantidad de pan que iba a preparar, podía comprar la harina más fresca de los mejores proveedores y, de este modo, lograr que el pan tuviera un sabor increíblemente vivo. Además, cultivaba una relación con mi comunidad que nunca había tenido antes. En una ciudad en la que puedes vivir durante años en el mismo edificio con cientos de personas sin ni siquiera cruzarte nunca con ellas, de repente me tropezaba con suscriptores en la calle o en la tienda de la esquina. Veía a niños mordisqueando mis barras de pan crujiente. Mi intestino y mi estómago se curaban, y mi corazón, cada vez más optimista, se sentía lleno a rebosar. Era una corriente circular de retroalimentación positiva que seguía fluyendo, cada vez a mayor alcance. Pronto los clientes, entre los que se incluían restaurantes y tiendas, empezaron a pedir más pan del que me daba tiempo a elaborar.

Las páginas siguientes son el resultado de este periplo, de mi necesidad de satisfacer todos esos estómagos hambrientos y todas esas almas anhelantes que solo desea proporcionar alimentos frescos, sanos y de calidad a sus amigos y familia. Quizá no pueda hornear una barra de pan para cada uno, pero puedo ofrecerles las recetas y las técnicas básicas para que lo hagan por sí mismos.

PRIMERA PARTE
LA MASA MADRE

1. Notas de cocina

Este libro es el fruto de mi amor desmedido por hornear pan en una cocina de veintiún metros cuadrados situada en el último piso de una casa vieja, con grandes corrientes de aire en invierno, que en verano se transforma en un apartamento abarrotado. Es grande para lo que puede encontrarse en Nueva York, pero aun así bastante limitada en cuanto a espacio y electrodomésticos. El horno es de los años sesenta, y nunca he tenido una batidora eléctrica. Aprendí a hornear gracias a la práctica, conociendo las particularidades y deficiencias de este horno, empleando un termómetro para descubrir cómo funciona. Te animo a que hagas lo mismo, ya que así no tendrás que seguir al pie de la letra las recetas, lo que te permitirá ajustarlas a la idiosincrasia de tu cocina. Llevar un diario con tus notas de cocina es imprescindible para que vayas mejorando cada vez que usas el horno.

Para elaborar el pan de BK17 uso un horno de pisos con vapor a presión o unos hornos de leña, solo porque es más cómodo y me permite aprovechar mejor el tiempo. No obstante, todas estas recetas las he creado con la intención de que sean claras y sencillas para quienes desean preparar pan casero. Puedes utilizar este libro con electrodomésticos más modernos, pero ten en cuenta que la mezcla mecanizada o los hornos con ventilador alteran la consistencia de la masa y el tiempo de horneado.

Aprender a amasar a mano el pan y la bollería es tremendamente útil aunque luego decidas hacerlo a máquina. Podría dar la impresión de que la comodidad de un procesador de alimentos o de una batidora facilita la ejecución de algunas de estas recetas; sin embargo, te priva de las sensaciones táctiles que invitan a ser plenamente consciente de cada uno de los pasos del proceso. En concreto, si es la primera vez que elaboras pan utilizando masa madre, te aconsejo que dejes a un lado la batidora y uses las manos para amasar. Al principio, esto te ayudará a controlar mejor la hidratación y la fermentación.

LA CAJA DE HERRAMIENTAS DE UNA ARTESANA

Todas estas recetas son bastante fáciles y deberían permitirte crear magníficos productos de bollería rústicos y nutritivos con la más importante de las herramientas: tus manos. Sin embargo, hay unas cuantas cosas más que son esenciales para equipar tu cocina. Si estás familiarizado con hornear, quizá ya las tengas en tu despensa. La mayoría de estos utensilios pueden encontrarse en una buena tienda de suministros para repostería o puedes comprarlos fácilmente por Internet.

Báscula digital ▶

Para hornear es necesario ser bastante preciso; los buenos resultados son la consecuencia de emplear los ingredientes adecuados y concentrarse en la labor. Por este motivo, una de las estrategias más importantes para evitar los fallos es pesar los ingredientes. Hazte un favor y cómprate una pequeña báscula.

En el mercado existen muchas básculas de buena calidad a precios razonables. Elige una que también pueda marcar el peso neto del bol. Como la mayoría de las básculas no pesan con exactitud determinados ingredientes, como las especias o la sal con un peso inferior a los 10 g, estos los indico en medidas de volumen.

Espátulas para la masa y los ingredientes

Las espátulas son ideales para despegar la masa y los productos de bollería de la mesa de trabajo. La mía es como una prolongación natural de mi mano y siempre la tengo cerca.

Elige una con una cuchilla de acero inoxidable y un mango diseñado para agarrarlo fácilmente. También tengo otras dos espátulas a mano: una de plástico duro para sacar la masa de un recipiente y otra de un material más flexible de silicona, ideal para la mantequilla tierna, el chocolate derretido y las masas.

Necesitarás, como máximo, tres recipientes de tamaños apilables para hacer una hornada de pan, tartas y pasteles. El mayor debería tener una capacidad de cerca de 5 l, lo que te da espacio para trabajar la masa en él y para permitir que se expanda al elevarse.

Las tazas de medir son útiles para la harina, y necesitarás una serie de cucharas y cucharillas para medir pequeñas cantidades de especias y sal. Además, precisarás una serie de cuencos y utensilios para servir hechos de materiales no reactivos, como cerámica, acero inoxidable, madera, plástico o esmalte.

Bannetons y couches ▶

La masa requiere ayuda durante el paso final de su crecimiento para lograr que se queden dentro los gases necesarios para elevar una barra horneada y darle forma. Los *bannetons* (también llamados cestas de levantamiento) son cestas especiales confeccionadas con materiales transpirables como el mimbre y a veces están revestidas por un paño de lino. Cuando no lo están, imprimen bellos patrones en la masa, aportándole al pan un carácter artesano. En cualquiera de las dos versiones, espolvorear inicialmente y en usos posteriores una cantidad generosa de harina para impedir que la masa se pegue a la cesta. Para las masas húmedas como el pan de la amistad (página 95) o el pan del labrador (página 205), prefiero usar *bannetons* recubiertos de lino para ayudar a mantener la forma de la masa y evitar que se pegue a la cesta. Los panes de hidratación media, como el de masa madre de Brooklyn (página 197), responden bien en los *bannetons*, con o sin lino, así como en los *couches* (o paños de subida) sin forma. La mayoría de los panes que

aparecen en este libro pesan de 700 a 900 g. Las cestas de tamaño mediano para servirlos suelen ser de unos 21 cm de diámetro si son redondas y de unos 15 × 30 cm si son alargadas.

Un *couche* es un trozo de lino natural pesado que, una vez espolvoreado generosamente con harina y extendido sobre un mostrador o una plancha para hornear, puede servir de base para darle diferentes formas a la masa. Yo uso mi *couche* cuando quiero preparar *batards** largos, *baguettes* o *fougasse* (moldeadas y decoradas con formas y motivos de inspiración francesa). Usa el peso de varias hogazas para que se apoyen unas con otras dejando un pliegue de lino entre ellas.

---

*N. del T.: en español bastardos; suelen ser la mitad de largos que las *baguettes* y mucho más anchos.

◄ Lame, cuchilla o tijeras

Cuando transferimos la masa del pan de un *banneton* al horno, experimentará varias transformaciones antes de que esté terminada y preparada para enfriar. La transformación inicial es la expansión y la liberación de agua de la masa. Haciendo un corte en la parte superior de la hogaza, se libera el vapor de agua, lo que facilita que el pan adquiera el mayor volumen. Estos cortes se hacen con una cuchilla o con un lame de panadero, que es también una cuchilla pero insertada en un mango. Para las incisiones decorativas puedes usar unas tijeras.

Las incisiones pueden hacerse desde varios ángulos para alcanzar diferentes resultados e impedir estallidos imprevistos y desastrosos en la hogaza. A las masas de humedad superior (entre el 80 y el 100% de hidratación) normalmente les viene bien una incisión más superficial, de 90 grados, mientras que para la subida, mucho mayor, de la hogaza de hidratación media se necesita un ángulo más profundo, de 30 a 45 grados, para controlar la expansión. Puedes elegir entre crear patrones muy elaborados o más sencillos y tradicionales, como prefieras.

Horno holandés o panadero de arcilla

Al hornear en casa, lo más cercano a lograr los efectos de un horno artesano con vapor a presión es usar un horno holandés o una olla de arcilla con tapa. Gracias a su resistencia y su eficiencia, podrás retener el vapor en la fase inicial del horneado; esto permite que la hogaza se expanda por completo antes de que se cree la corteza. El vapor ayuda también a convertir el almidón en azúcar en la corteza, lo que contribuye a un incremento del sabor y a su agradable color marrón oscuro. Los hornos holandeses de hierro fundido y esmalte funcionan maravillosamente; mi segunda opción son las ollas de arcilla. Puedes decidirte por comprar un horno holandés «doble», cuya tapa se convierte en una sartén plana de hierro fundido. La única limitación al usar cualquiera de estas opciones es que debes adaptar la forma de las hogazas.

Piedra para horno

También llamada piedra para hornear o piedra para *pizza*, es un elemento versátil que transfiere directamente el calor del horno a tus hogazas de pan, *pizzas* y tortas y que produce las cortezas más crujientes y la mejor subida durante la fase inicial de la cocción. Compra la más gruesa que encuentres, siempre teniendo en cuenta que quepa en el horno. En lugar de la piedra, puedes usar ladrillos refractarios limpios —tan solo asegúrate de que no hayan sido tratados con colas o con materiales refractarios inestables que puedan pasar a tu comida.

Pala

Hecha tradicionalmente de madera, esta tabla circular en forma de pala con un mango te permite introducir fácilmente en el horno caliente hogazas, tortas y *pizzas*. Si no quieres tener una en la cocina, puedes usar la parte posterior de una bandeja para el horno o una tabla limpia de contrachapado.

Guantes resistentes al calor

Mejorar la destreza durante el proceso de horneado te permite manejar con comodidad equipos peligrosamente calientes como el horno holandés. Compra un par de guantes de cocina Kevlar o guantes de piel para soldador a un distribuidor local o por Internet.

Sartén de hierro fundido

Este utensilio barato es insustituible en mi cocina. Distribuye y retiene uniformemente el calor y puede ir directamente de un quemador al horno. ¡Es perfecta para los pasteles invertidos (o para la tarta tatin), el *pancake* holandés, el pan de maíz, los *fritelle* y mucho más! Consíguela en las tiendas de equipamiento para cocinas o recupera alguna antigua. Es fácil de limpiar y dura toda una vida. Si decides comprar un horno holandés doble, podrías utilizar la tapa para el mismo propósito.

▲ Bandeja para el vapor

Se trata de un recipiente de agua que se usa para generar vapor y humedad en el método artesano de cocción. Elige una que no te importe que se oxide y utilízala solo para preparar el pan.

Aerosol/pulverizador ▶

Usado con el método artesano de cocción, te permitirá rociar las paredes del horno caliente antes y después de introducir las hogazas. Tan solo ten cuidado de no rociar el cristal de la luz del horno, ya que podría estallar.

Rodillos de amasar ▾

Empleo un rodillo francés de madera de forma cilíndrica para todas mis recetas, ya que me resulta fácil utilizarlo. Sin embargo, si lo prefieres, puedes usar uno pesado de mármol para la masa o la pasta laminada. Su peso te ayudará a extenderla, así como a mantenerla fría mientras trabajas.

Procesador de alimentos

Aunque es importante aprender a amasar sin usar el procesador, este utensilio puede ser tremendamente útil para preparar purés vegetales para el pan o para el *hummus* de alubias rojas (página 272). También resultará útil para la masa de hojaldre una vez que hayas aprendido a elaborarla a mano.

Morteros y molinillos de especias

El almirez o mortero es uno de los utensilios más antiguos de cocina que se conservan. Su capacidad de extraer fragancias y conseguir texturas que no pueden alcanzarse por medios mecánicos es inigualable. Úsalos para majar guindillas, especias enteras o cáscaras de limón con azúcar, o para hacer pastas. Los mejores están hechos de materiales pesados, como el mármol, que hace que no se desgasten ni estropeen al usarlos. Puedes comprarlos a un precio económico en tiendas de productos latinos o asiáticos.

Otro utensilio útil es el molinillo de café o de especias, que puede usarse para moler finamente bayas y semillas duras enteras como pimienta de Jamaica o *mahlab*. Si no has usado antes especias recién molidas, te sorprenderá la profundidad del sabor que se consigue con solo seguir este sencillo paso.

Papel de hornear

Este papel versátil resistente al horno te ayudará en multitud de tareas. Impide que las galletas y las pastas se peguen a la bandeja y gracias a él; la limpieza es sencilla y rápida. Hay diferentes tipos de papel; el más grueso lo recomiendo para las recetas de este libro con las temperaturas más altas. Cuando lo uses para preparar pan o *pizza*, quítalo a los quince o veinte minutos, o de lo contrario se puede poner negro. Otra opción es no usarlo; espolvorear harina de maíz o sémola gruesa de trigo bajo la hogaza de pan o la *pizza* puede ser suficiente para sacarlo con la pala. Podrías emplear un tapete de cocción para las pastas, aunque prefiero el papel, sobre todo en recetas con mucha mantequilla.

Bandejas para hornear

Cuando empecé a experimentar con la cocina, mi presupuesto solo me permitía comprar los utensilios más económicos. Escatimé en algunos de ellos, como las bandejas para hornear, y luego me arrepentí porque se combaban con el calor y los jugos salían por todas partes, lo que hacía de la limpieza del horno un calvario. Merece la pena gastar un poco más al invertir en una buena bandeja para hornear y comprar la más resistente que puedas conseguir.

Moldes ▶

Hay varias recetas en este libro para las que se necesitan utensilios específicos, pero otras las puedes adaptar a lo que tengas a mano. Sé creativo y echa un vistazo a las tiendas de segunda mano. Si estás aprendiendo a hornear, comienza por adquirir un molde básico para tarta de unos 23 cm, un molde redondo para hornear, unos cuantos moldes hondos para pasteles de fruta y bizcochos y moldes para magdalenas. A partir de ahí puedes ir comprando utensilios especiales, como moldes para gofres, dónuts y *popovers*.

Rejillas para enfriar

La mejor manera de enfriar los productos del horno es permitir que el aire recorra toda su superficie. No los dejes enfriar en un plato o sobre la encimera, ya que esto hará que su textura se ablande debido al vapor.

Colador de malla fina

Un colador te servirá para infinidad de cosas, desde tamizar azúcar glas hasta hacer almíbar y cuajada. Quizá quieras comprar también un cedazo para la harina y lograr así un pan más esponjoso. Hay diferentes tamaños dependiendo de cuánto salvado quieras separar de la harina. Luego puedes utilizar el salvado para espolvorear los *bannetons* o la encimera cuando estés dándole forma a la hogaza.

Rallador *Microplane*, rallador de cuatro caras, y mandolina

Un rallador tipo *Microplane* ralla los cítricos tan finamente que la ralladura desaparece en la mantequilla o en la masa, dejando tan solo su increíble fragancia. Usa un rallador de cuatro caras para preparar queso y verduras. Una mandolina cortará las verduras y la fruta más fina de lo que podrías hacerlo con un cuchillo y, lo más importante, con consistencia. Compra una que tenga protección, porque están tan afiladas que son peligrosas y pueden rebanarte fácilmente la yema de un dedo.

Termómetros

Con el tiempo, lograrás determinar sin ningún utensilio cuándo está lista una hogaza observando su sonido hueco al presionarla con el pulgar así como su apariencia. Sin embargo, al principio puede ayudarte contar con un termómetro digital largo de lectura instantánea. Normalmente, una vez que la temperatura interna de una hogaza enriquecida con mantequilla, huevos o leche alcance de los 88 a los 91 ºC, estará lista. Los panes con una corteza más crujiente tienen que alcanzar temperaturas internas de entre 93 y 99 ºC. Aparte de esto, ten a mano un termómetro de horno. Cada horno tiene sus particularidades, y mantener uno dentro te servirá para que tengas más información a la hora de hornear.

Paños

Cuando dejes reposar la masa en el frigorífico, cúbrela primero con un paño antes de envolverla en plástico. Esto absorberá cualquier condensación durante ese tiempo. Usa tejidos sin pelusas de lino o de algodón.

Cubiertas de plástico o lino para recipientes

Necesitarás mantener la masa y la levadura húmedas durante el proceso de *levantamiento*. Me gusta usar bolsas grandes de la basura para envolver todo el recipiente, procurando que el plástico no entre en contacto con la masa pegajosa. Haciéndolo así, puedes volver a utilizar varias veces la misma bolsa. También podrías comprar cubiertas de lino lavables para el recipiente. Si vas a retardar o levar la masa durante un largo periodo de tiempo, humedece primero el tejido y elimina cualquier exceso de humedad antes de colocarlo sobre el recipiente.

Terminología

Esta sección es un pequeño glosario de los términos más usados en este libro. Algunos de ellos, como el iniciador, se explican con más detalle en las páginas siguientes. Si estás aprendiendo a hornear, sobre todo con masa madre, estos términos te ayudarán no solo a seguir las instrucciones de las recetas, sino también a entender la metodología en la que se basa la técnica.

Las matemáticas de panadería

La mayor parte de las recetas de pan de este libro se crearon usando una fórmula de proporciones específicas de ingredientes. El comportamiento y las características inherentes de cada uno de ellos dictan su cantidad con relación a otros ingredientes. Cuando seas capaz de entender cómo se formulan estas proporciones, podrás retocar estas recetas o crear tus propias versiones que se adapten a las harinas que tienes a tu disposición y también a tus preferencias. Para usar este libro no es necesario aprender las nociones matemáticas que emplean los panaderos, pero es una herramienta que te ayudará a no depender de la receta. Gracias a ella, podrás reducir o aumentar un ingrediente. Si prefieres un porcentaje más alto de cereales naturales en algunos panes, y tienes un poco de experiencia, las matemáticas de panadería te permitirán elaborarlo con buenos resultados.

En las matemáticas de panadería cada ingrediente se expresa como un porcentaje del peso total de la harina, que se considera siempre el 100%. Cuando queremos determinar las cantidades de otros ingredientes en una masa, podemos calcularlo fácilmente si conocemos ya el peso de la harina. Por ejemplo, si estás trabajando con 1000 g de harina, puedes multiplicar los porcentajes:

70% de hidratación es 1000 g × 0,70 = 700 g agua (ver la nota a continuación)

2% de sal es 1000 × 0,02 = 20 g

20% de levadura es 1000 × 0,20 = 200 g

40% de harina de cereales integrales es 1000 × 0,40 = 400 g

Nota: para cantidades superiores a los 10 g debes pesar los ingredientes en gramos.

Aprender las cualidades de cada ingrediente es en sí toda una experiencia, y con el tiempo descubrirás las proporciones más eficaces. Por ejemplo, al incrementar la proporción de cereales integrales, que son muy secos, necesitarás incrementar también la hidratación. Igualmente, los almidones de las harinas de cereales integrales facilitan una fermentación más rápida, que a su vez requiere menos levadura en la masa final o bien periodos más breves de levantamiento. Una vez que le pilles el truco a este libro, experimenta y prueba a hacer las cosas como te parezca apropiado. Y si haces algún descubrimiento emocionante, ¡me encantaría que me lo contaras!

Hidratación

La hidratación se refiere a la cantidad de agua presente en la masa del pan en relación con el peso total de la harina. En este libro se consideran elevadas las hidrataciones de entre el 80 y el 100%, mientras que las que están alrededor de 60% se consideran bajas, dando lugar a masas muy espesas. La mayoría de los panes que veremos tienen entre el 70 y el 80% de hidratación.

Fermentación

La fermentación es una técnica utilizada en diferentes preparaciones de alimentos para alcanzar un resultado más nutritivo y también más delicioso. Este libro usa el término *fermentación* en referencia a cereales, semillas y harina. Es la acción de una comunidad de microorganismos que devoran los almidones y azúcares disponibles y luego excretan alcohol, compuestos ácidos que dan sabor a la masa y dióxido de carbono, que a su vez leudan (fermentan) la masa.

Iniciador ▾

El iniciador es el cultivo fermentado esencial que se usa en este libro. Se crea «capturando» la microflora que se encuentra naturalmente

presente en la harina, en las manos, en el aire..., ¡en todas partes! Mantén el iniciador a un nivel de hidratación del 100%, es decir, el mismo peso de agua y de harina. Usa esta proporción para crear levadura para las hogazas artesanas y para mezclarlas con las masas para pasteles, galletas, cortezas y pan rápido. Al elaborar pan artesano, emplea siempre un iniciador que haya sido refrescado (alimentado) al menos una vez antes de mezclar la levadura. Puedes usar iniciador sin alimentar (siempre que lo hayas puesto a temperatura ambiente) para recetas que incorporan agentes fermentadores rápidos como la levadura en polvo y el bicarbonato de sodio. Las instrucciones para crear tu propio iniciador están en la página 67.

Producción de la levadura

La levadura es el paso intermedio entre el iniciador y la masa del pan y se conoce también por la palabra francesa *levain*. Esencialmente se trata de un prefermento en el que se usa una pequeña cantidad de iniciador para inocular una mezcla de harina y agua. Una vez lograda la fermentación de esta mezcla, se usará para leudar la masa. La levadura marcada como ingrediente en las recetas de este libro suele usar harina fuerte de panadería hidratada al 100% (igual cantidad de harina y agua en peso), pero en algunas ocasiones se usan alternativamente otras harinas o niveles de hidratación para obtener todo el sabor de determinados cereales. Factores como las sutiles diferencias entre una levadura espesa o líquida, la cantidad de tiempo

durante el que fermenta y la temperatura darán lugar a diferentes comunidades microbianas. Esto se traducirá en una mayor o menor acidez, esponjosidad, color de corteza y levantamiento, entre otras características. Por esta razón, no uso un único método para producir levadura, ya que me parece que así no le sacaría partido a todo el potencial de sabor.

Producción de la masa

Hay varias fases clave durante la producción de la masa. Entre ellas, la mezcla de los ingredientes, la hidratación de la harina y el inicio de la fermentación. Las instrucciones de este libro dan por sentado que harás la mezcla a mano, ya que es la mejor manera de aprender el comportamiento de la masa y las claves de la fermentación.

En general, primero mezcla siempre el iniciador y los líquidos antes de añadir los ingredientes secos.

Autolizado (reposo)

El autolizado es sencillamente un periodo de reposo para la masa del pan que le permite a esta absorber la humedad, lo cual a su vez activa las enzimas y la asimilación de las proteínas del gluten. Estas proteínas, gliadina y glutenina, son las que forman el gluten y le permiten a la masa desarrollar la fuerza. En algunos casos necesitarás añadir la levadura antes del autolizado y en otros no, de manera que antes de proceder lee cuidadosamente la receta.

Incremento del volumen

Una vez mezclada la masa del pan, esta pasa por un periodo de fermentación en el que se incrementa considerablemente su volumen. Por lo general, tiene una duración de tres a cuatro horas, dependiendo de la fórmula, así como de la temperatura ambiente de la cocina. Durante este tiempo voltearás y plegarás la masa varias veces para ayudar a que el gluten se cohesione, atrapando el dióxido de carbono en una matriz en forma de red.

Retardado

A la masa fermentada con masa madre le beneficia enormemente un levantamiento largo y pausado. Retardar es usar temperaturas más frías para ralentizar la fermentación, lo que mejora el sabor y la digestibilidad del pan e impide que se dé una fermentación excesiva. El retardado puede realizarse mientras se produce el incremento de volumen, especialmente con una masa de cereal integral, que suben demasiado rápido, pero también una vez que haya adquirido su forma definitiva. Es una técnica práctica, especialmente cuando no puedes dedicarte en ese momento al proceso de la creación de la masa.

Si quieres retardar la hogaza durante un periodo amplio (más de ocho horas), mantén la temperatura del frigorífico entre los 2,7 y los 3,3 °C, especialmente en verano —un frigorífico a la temperatura habitual de 5 °C puede ser muy cálido—. Recuerda que los microorganismos responsables de la fermentación actuarán más lentamente durante el retardado, pero no dejarán de hidratarse por completo.

Técnicas

Durante los últimos treinta años se han escrito varios libros imprescindibles para el panadero casero. No es mi intención reiterar aquí sus valiosas aportaciones. Sin embargo, hay unas cuantas técnicas básicas que tienes que dominar. En las mismas instrucciones de las recetas encontrarás más detalles, pero a continuación expongo una visión general simplificada de cómo mezclar, dar forma y hornear.

Tendrás que practicar muchas de estas técnicas antes de que aprendas a calcular su duración. Si estás aprendiendo a experimentar con masa madre en la cocina, empieza por lo que te parezca más estimulante y apropiado para la estación, pero hazlo de forma sencilla. Las recetas que utilizan iniciador en las que no hace falta refrescar (alimentar) la masa antes de mezclar, como las magdalenas de limón (página 179), los bollitos de tomate y albahaca (página 269), la tarta de rosas con miel (página 235) y las latkas de salsifí (página 108), son un buen comienzo para el panadero novato. Puede que, una vez que empieces a conocer el comportamiento de tu iniciador antes y después de refrescar la masa, desees pasar a panes y pastas que requieran más pasos y en los que hay que ser más precisos a la hora de calcular el tiempo antes y después de los refrescos.

◀ Mezclar a mano

Las manos constituyen la mejor herramienta para mezclar la masa y el instrumento perfecto para calcular la fermentación. Una vez que hayas añadido harina a la pasta formada por el agua y la levadura, hunde la mano en el bol y gira la muñeca en un movimiento circular en el sentido de las agujas del reloj. Con la mano que tengas libre, gira el bol en sentido contrario a las manecillas del reloj mientras trabajas la masa. Cuando la masa se vuelva compacta, aprieta los dedos mientras le das las últimas vueltas para hidratar y activar las proteínas del gluten.

Usa también esta técnica para incorporar sal a la masa, y asegúrate de que se disuelve por completo antes de que repose.

Voltear y plegar ▶

Este paso, que fortalece y airea la masa del pan, se lleva a cabo dentro del bol. Se realiza en lugar de amasar y es especialmente útil con masas muy húmedas. Solo tienes que humedecerte la mano, agarrar la masa del borde exterior y llevarla hasta el interior del bol. A continuación, tira de la masa, estírala hacia arriba y dóblala sobre sí misma. Rota el bol un cuarto y repite el proceso hasta que hayas volteado totalmente la masa, es decir, unas cinco o seis vueltas. Déjala reposar y repite a intervalos de entre 30 y 45 minutos hasta que alcance su máximo volumen.

Deberías notar que se da un aumento en la fuerza de la masa con cada ronda sucesiva de volteado y plegado.

Golpear y doblar

Este paso, que se realiza fuera del bol, también fortalece y airea la masa. Es un proceso divertido que puede dar lugar a unas cuantas salpicaduras y algo de desconcierto hasta que le pilles el truco.

Levanta la masa más o menos a la altura de los ojos, ve dejándola caer suavemente y arrástrala un poco cuando el borde toque la encimera. A continuación, dobla la masa que te queda en las manos sobre la porción que hay en la encimera. Esto se hace con movimientos rápidos y ligeros mientras aprendes a dominar la técnica. Repite entre 5 y 10 minutos, usando la espátula si es necesario para levantar la masa y dándole un giro de un cuarto cada vez que sientas que se endurece. Vuelve a poner la masa en el bol y cubre antes de terminar las instrucciones de la receta para incrementar el volumen.

Preformado ▼

Este paso se lleva a cabo tras el incremento de volumen. Prestando atención a que se retengan los gases en la masa, sácala del bol y colócala sobre una superficie enharinada. Divídela con la espátula. Dobla los bordes sobre el centro para conseguir una forma más o menos circular, usa la espátula para despegar la masa que quede adherida.

Reposo en la mesa

Tras el preformado, es necesario que repose antes de darle la forma definitiva. Dale la vuelta a la masa, colocando la parte del cierre hacia abajo, cúbrela con un paño o un plástico y déjala reposar de 10 a 30 minutos, dependiendo de la temperatura ambiente de la cocina. Verás que la masa se afloja visiblemente y se expande un poco cuando esté lista para adquirir su forma final.

Forma final

La forma final depende en gran medida de tus preferencias, pero algunas masas se prestan más a determinadas formas. Las siguientes son dos de las técnicas más básicas. Otros procesos especializados se describen en las recetas.

Batard ▶

Utilizando la espátula, dale la vuelta a la hogaza preformada sobre una superficie ligeramente enharinada. Empleando ambas manos, lleva los lados izquierdo y derecho de la mitad inferior de la masa hacia el centro, para darle una forma más o menos triangular (como una lágrima invertida).

Levanta la punta inferior y pliégala hacia dentro, estirando mientras lo haces para crear tensión. Cuando llegues al final, usa la palma de la mano para apretar la unión y ciérrala firmemente. Ahora puedes extender la masa, ahusando los extremos. Colócala en un *banneton* o *couche* bien enharinados.

Boule ▶

Usando la espátula, coloca la hogaza preformada sobre una superficie ligeramente enharinada con el lado de la unión hacia arriba y dale ligeros golpecitos hasta formar una pieza redonda. Tira y estira suavemente de la parte inferior hacia el centro y presiona. Repite desde la parte superior y los dos lados. Luego estira la superficie de la parte superior, inferior y lateral hacia el centro. Dale la vuelta —ahora el lado de la unión queda hacia abajo— y trabájala sobre la encimera con movimientos circulares cortos para tensar la superficie. Usa la espátula para recogerla y colócala, con la parte de la unión hacia arriba, en un *banneton* bien enharinado.

Mezclar masas dulces y
saladas con iniciador

Usar iniciador en una masa de tarta o de hojaldre requiere una estrategia algo diferente de los métodos tradicionales de mezcla.

Pon siempre los ingredientes a temperatura ambiente, a menos que se indique lo contrario. Esto ayudará a incorporarlos a la mezcla sin que sea necesario ligarlo todo excesivamente.

Intentar mezclar ingredientes fríos, especialmente el iniciador, produce frustración, una masa veteada y un horneado desigual. También recomiendo usar un tenedor en lugar de remover con una cuchara. Evita usar una batidora de mano, que fomenta la activación de las proteínas del gluten en el iniciador, algo no recomendable para las tartas, galletas y panes rápidos. Además, el iniciador se pegará tercamente al brazo

de la batidora, en especial si se trata de una masa espesa. Como mínimo, una vez que hayas agregado la masa madre, debería parecerse a una sopa de huevo con hilillos, no tiras, de iniciador. En algunas recetas, como las de tartas, ve un poco más lejos y mezcla el iniciador con la masa hasta hacerlo desaparecer. Esto ayudará a evitar burbujas fermentadas indeseadas en la miga. Si añades iniciador a una masa de hojaldre, trata de verterlo en pequeñas cucharadas sobre el bol de masa para lograr una mezcla uniforme, pero procura no trabajar la masa excesivamente.

Levantamiento (o subida) ▲

Este término se refiere a cuando una hogaza ha completado su ciclo de fermentación y está lista para ser horneada.

Te llevará cierto tiempo observarla para aprender cuándo los microorganismos de la masa han agotado las fuentes de alimento disponible en la harina y fermentado totalmente la hogaza. El *banneton* debería parecer lleno y la masa, hinchada y bien formada. Si lo dejas subir durante demasiado tiempo, la hogaza empezará a colapsar y el pan horneado tendrá un sabor excesivamente agrio. Un truco es presionar suavemente con un dedo la superficie de la hogaza. Si sientes que la impresión dactilar desaparece de inmediato, déjala que suba un poco más. Si la impresión permanece, está lista para el horno.

▼ Hornear con un horno holandés

Si quieres una hogaza de pan artesano y rústico con una corteza gruesa crujiente y una miga húmeda, el horno holandés te permitirá alcanzar el equilibrio necesario entre calor y humedad para elaborar hogazas de calidad en tu propia cocina.

Si has retardado la masa una noche entera en el frigorífico, sácala y déjala fuera durante al menos una hora hasta que alcance la temperatura ambiente. Corta un trozo de papel de hornear mayor que la circunferencia de la hogaza pero lo suficientemente pequeño para encajarlo en el horno holandés sin que sobre mucho. Precalienta el horno a 260 ºC. Coloca el horno

holandés en la rejilla más baja y calienta durante 20 minutos mientras preparas la primera hogaza. Mantén la otra hogaza en el frigorífico hasta que esté lista para hornear.

Espolvorea un poco de harina de maíz sobre el papel de hornear y coloca la hogaza en él, con la parte de la unión hacia abajo. Unos pocos minutos antes de que el horno holandés esté listo, haz una incisión en la parte superior de la hogaza con una cuchilla, lame o tijera para que suelte vapor durante el horneado. Deposítala con cuidado en la olla precalentada, coloca la tapa y llévala otra vez al horno. Reduce la temperatura a 230 °C y hornea con la tapa puesta durante 20 minutos. Quita la tapa y hornea de 12 a 20 minutos más (ver nota), hasta que la corteza alcance un color marrón profundo y oscuro.

NOTA: personalmente, prefiero que la corteza de la parte inferior sea tan gruesa y oscura como sea posible; para ello, si usas un recipiente de hierro fundido, tendrás que sacar la hogaza a los 20 o 25 minutos de empezar a hornear para evitar que la parte inferior se queme antes de que el pan esté listo. Esto debe hacerse cuidadosamente para evitar quemarse con el hierro caliente. Hornea de 12 a 20 minutos más sobre una piedra para que termine de hacerse.

Hornear con piedra ▶

Las piedras de hornear son excelentes para retener el calor y puedes guardarlas permanentemente en el horno e

incrementa su rendimiento general. Yo prefiero mantener la mía sobre la rejilla media con la bandeja para el vapor debajo. Esto permite un acceso fácil para hornear otros productos como *pizzas* y tortas además de hogazas de pan. Usar una piedra de horno para hornear esto último te permite la libertad de darle otras formas que no sean solo la de la *boule*. Hay que hornear de la misma manera las *batards*, las *baguettes*, las *fougasse* y las coronas.

Precalienta el horno a 260-290 °C como mínimo 1 hora antes de hornear con la piedra dentro, ya que tarda un poco en calentarse. Si te saltas este paso, tus hogazas no tendrán la subida adecuada. Si las has retardado la noche antes en el frigorífico, sácalas y deja que se pongan a temperatura ambiente durante este tiempo.

Coloca la bandeja para el vapor en la rejilla que está debajo de la de la piedra y espolvorea generosamente la pala con harina de maíz o sémola gruesa. Cuando el horno esté listo, saca las hogazas con la pala, con el lado de la unión hacia abajo, agitando la pala para asegurarte de que no se peguen a su superficie (otra alternativa para evitarlo es usar papel de hornear). Practica una incisión en las hogazas y con mucho cuidado vierte de 75 a 80 g de agua en la bandeja para el vapor. Rocía las paredes del horno con agua (evitando la bombilla de encendido) y coloca las hogazas sobre la piedra caliente. Cierra inmediatamente la puerta para que no escape la humedad y hornea de 2 a 3 minutos. Abre la puerta una vez más y vuelve a rociar las paredes del horno con agua. Cierra inmediatamente la puerta de nuevo y hornea 5 a 7 minutos antes de bajar la temperatura a 230 °C. Hornea durante otros 25 a 35 minutos, hasta que la corteza adquiera un color marrón oscuro y la hogaza suene hueca al golpear con el dedo su parte inferior.

Hornear a ciegas

Este sencillo paso consiste en prehornear una masa quebrada o de hojaldre antes de añadir el relleno. Se hace para impedir que la base absorba un exceso de humedad del relleno y también para que no se hinche o se desparrame en el horno. Puedes comprar pesas para pasteles hechas de cerámica o bolitas de metal, pero las legumbres o los granos de arroz funcionan igual de bien. Una vez que hayas extendido la base y le hayas dado forma, pínchala y cúbrela con papel de hornear o de aluminio. Añade las pesas —las legumbres o el arroz— y hornea siguiendo las instrucciones de la receta.

NOTAS DEL HUERTO

Llevando el huerto a la cocina

Sembrar y cosechar nuestros propios alimentos nos proporciona una relación particular con esos alimentos que, desgraciadamente, se ha perdido en nuestra cultura contemporánea del confort. Como he crecido en una granja, me sorprende siempre observar a los niños de ciudad mirar asombrados un tomate en su planta o una hoja de calabaza tan grande como sus cabezas. Esta desconexión indica que tenemos una mayor necesidad de entender nuestros sistemas de alimentación y de tomar mejores decisiones acerca de lo que va a entrar en nuestros cuerpos y a nutrir a nuestras próximas generaciones. La horticultura nos conecta con los ciclos de las estaciones y nos ofrece recursos para ser autosuficientes en lo referente a nuestro sustento: alimentos del más alto contenido nutritivo, obtenidos directamente de la huerta. Tu entusiasmo por alimentarte con productos frescos, así como el de tus hijos, aumentará en gran medida cuando dediquéis tiempo a plantar, regar y cuidar vuestras propias hortalizas.

Además, hay una cierta inteligencia que llevamos a la cocina al conocer más a fondo los ingredientes que usamos en lugar de limitarnos a saber solo sus nombres. Saber cuáles son las necesidades de nuestros alimentos como seres vivos y dinámicos que se relacionan a su manera con la tierra, la lluvia o incluso unos con otros nos ayuda a apoyar los sistemas alimenticios prestándoles toda nuestra atención. El concepto de salud personal y el de la salud de la tierra se superponen. Al ser conscientes de que una alubia roja está relacionada con un cacahuete y con una lenteja, y que todos estos alimentos pertenecen a la familia de las legumbres, que son beneficiosas porque ayudan a fijar el nitrógeno del suelo, empezamos a preguntarnos cómo todos ellos mejoran la salud de la tierra. Y cuando llegamos a apreciar más la salud de la tierra, comenzamos a tomar mejores decisiones para nutrirla y nutrirnos a nosotros mismos.

La horticultura puede ser tan sencilla como dejar caer unas cuantas semillas en el suelo y esperar que la naturaleza obre su milagro. Pero puede requerir tanta atención como para aprender las relaciones entre lo que siembras. Consiste en saber reconocer tus ventajas y a trabajar con tus limitaciones. Esto sucede también en la cocina, y aprender a tratar estos asuntos en estas dos prácticas proporcionará equilibrio a ambas.

Pese a la frecuencia con la que mezclo la misma fórmula para masa, nunca se dan dos hornadas iguales. La fermentación se puede producir más rápido porque ese día era más cálido, o la corteza puede quedar un poco blanda porque había humedad. Si los carámbanos cuelgan del alféizar de mi ventana, la fermentación será lenta, lo que a su vez fomentará un sabor más complejo. Y siempre que he plantado tomates, los constantes cambios climáticos han influido en su cosecha. Aprender a jugar con el comodín que nos ha tocado es lo que nos

mantiene activos y despiertos. Ciertamente, la mayoría de los jardineros y panaderos que conozco son perfeccionistas obsesivos a pesar de (o quizá por) estas dificultades impredecibles.

Si las malas hierbas inundan constantemente los senderos de tu jardín, pregúntate qué son y por qué están creciendo ahí. Deja la azada un momento y plantéate qué pueden estar diciéndote los hierbajos. Quizá descubras que estas molestias de hecho son alimentos gratuitos, ya que muchas de estas hierbas, como la verdolaga, el cenizo y la hierba ajera son tan deliciosas como cualquiera de los alimentos que se plantan normalmente. Aprender qué hierbas crecen en cada terreno también te ofrecerá información para conocer mejor el tuyo. Por ejemplo, el delicioso llantén suele surgir cuando la tierra es compacta, así que su aparición indica que conviene plantar un cultivo que oxigene el terreno. Pronto te sentirás orgulloso de llevar a tu cocina hierbas, frutar y verduras que saben infinitamente mejor que cualquiera de las que puedas conseguir en el supermercado.

Términos latinos en botánica

A lo largo de todo este libro utilizo a menudo términos botánicos latinos. Hago esto por varias razones, y la más importante no es evitar la confusión que surge con los nombres comunes irregulares. Hay otra de mayor peso: el hecho de que el latín aclara características particulares de ese ingrediente de la huerta o la cocina. Espero que este uso del lenguaje te anime a aprender las relaciones de estos alimentos con otros miembros de su familia. Estar familiarizado con esas relaciones te resultará tremendamente útil tanto en el mundo culinario como en el natural. Saber que el hinojo está vinculado con el anís y ambos a su vez con la zanahoria, te ayudará a ser un cocinero más versátil, ya que podrás sustituir sabores o ingredientes cuando sea necesario.

Este sistema binominal es bastante sencillo de entender para los propósitos de esta obra: el género es el primero de los dos nombres y denota un conjunto particular de características. Esta categoría se sitúa por debajo de la familia y por encima de la especie, y en los nombres de plantas va siempre en mayúsculas. En *Triticum aestivum* (trigo común), por ejemplo, el género es *Triticum*. El segundo nombre, el epíteto específico, es una designación genética particular que distingue a un organismo de otras especies del mismo género. En el trigo común es *aestivum*. Los dos juntos nombran a una especie que crece espontáneamente en estado silvestre, aunque algunas de ellas, como el *Triticum aestivum*, se hayan cultivado durante miles de años.

Los nombres familiares no suelo usarlos, a menos que proporcionen una información importante. Por ejemplo, *Hordeum vulgare* (cebada) puede que no suene mucho como el binomio latino para trigo, pero ambos pertenecen a la *Poaceae*, o la familia de la hierba. Al aprender las diferencias entre un cereal y una semilla o un pseudocereal, es útil conocer estas relaciones.

Tener estos nombres latinos tan retorcidos en tu arsenal también te será útil si decides hacerte con unas cuantas plantas para cultivarlas en tu huerto, ¡cosa que espero que hagas! Al comprar semillas o plantas por su nombre latino, tendrás la seguridad de saber lo que estás plantando y cómo cocinarlo. Igualmente, si decides dedicarte a la recolección de alimentos (también llamada forrajeo), aprender la clasificación científica de una planta e identificar sus características te permitirá distinguir entre ella y otras parecidas que podrían ser venenosas. Por supuesto, después puedes usar el nombre común para evitar cualquier tartamudeo vergonzoso frente a tus invitados a cenar. O quizá podrías practicar diciendo los nombres en voz alta con unos días de antelación...

2. Surtiendo la despensa

Para hacer comida sabrosa y sana, hace falta algo más que aprender unas técnicas. Adquirir los ingredientes apropiados y tan frescos como sea posible marcará la diferencia entre una comida buena y una extraordinaria. Te ofrezco a continuación algunos consejos sobre cómo encontrar, cultivar y almacenar los ingredientes que vas a usar para crear magia en la cocina.

Productos agrícolas y carne

Es difícil elaborar una comida de buena calidad con ingredientes inadecuados. Muchas recetas de este libro incluyen fruta fresca, verduras o un poco de carne, y te animo a adquirir alimentos orgánicos y respetando sus ciclos naturales. Comer de acuerdo con las estaciones no solo es aprovechar lo que se encuentra disponible *ahora*, sino aprender a conservar o congelar la abundancia que proporcionan ciertas épocas para equilibrar los meses de mayor escasez. Teniendo en cuenta que el tiempo en el que se puede disponer de algunos de estos ingredientes es corto, es una buena idea surtir el congelador y la despensa con algunas provisiones. Puede que te apetezca un *muffin* con miga de pera y lavanda (página 293), o unas empanadas de cerdo y ruibarbo (página 213) en lo más crudo del invierno, y usar fruta congelada cosechada al principio de la temporada sabrá infinitamente mejor que cualquier producto que proceda de otro continente. Además, aquí encontrarás unas cuantas recetas que te enseñan a hacer mermelada. Untar un trozo de pan crujiente con fruta de verano en medio del invierno evocará esos días de un sol cegador y esas noches fragantes. Créeme, cuando tengas los dedos de los pies entumecidos por el frío, te alegrarás de haberte tomado esa molestia.

No hay nada peor que un tomate soso y casi seco en enero. En cambio, en ese mismo mes, pocas cosas puede haber mejores que limpiarte la barbilla chorreante del zumo pegajoso del mango. La verdad es que la globalización lo ha vuelto todo más confuso, y a mí me tientan siempre los sabores que me resultan más exóticos. Pero, a pesar de mi debilidad por experimentar, he descubierto que la comida más sabrosa es la que se prepara con ingredientes de la estación cultivados a pequeña escala por productores orgánicos locales. Por supuesto, la disponibilidad y asequibilidad de los alimentos difiere dependiendo de la región, del país o incluso del continente. Puede que no vivas en una plantación de árboles de lichi pero quizá residas en algún lugar de Florida, California o, con suerte, incluso Brasil.

Independientemente de la facilidad que tengas para acceder a productos agrícolas frescos, es importante que recuerdes que el sabor y la nutrición no proceden de frutas de invernadero cosechadas cuando aún están verdes y transportadas por barco en cámaras frigoríficas. Las frutas y las verduras deberían oler a maduras y dulces al comprarlas.

Los modelos de la agricultura con apoyo comunitario (CSA, según sus siglas en inglés) han hecho que resulte mucho más fácil adquirir alimentos frescos de la huerta en emplazamientos urbanos, y algunos distribuidores de productos agrícolas están aceptando ahora las ayudas del Programa de Asistencia para la Nutrición Suplementaria. Cada año hay menos excusas para no comer bien. No hay necesidad de vaciar la cartera para conseguir alimentos frescos y saludables. Muchos de los ingredientes que aparecen en este libro pueden cultivarse en un pequeño espacio de una terraza e incluso un pequeño jardín soleado de escasas dimensiones puede ser extraordinariamente productivo con una buena planificación. Si no tienes esta posibilidad, intenta conseguir una parcela en un huerto comunitario. Incluso algunos

ingredientes también pueden conseguirse en estado silvestre con una guía de campo fidedigna y un buen repelente de insectos (ver «Notas sobre la recolección silvestre», en la página 59).

Al hacerte miembro de un CSA o comprar en el mercado agrícola más cercano, tienes acceso a alimentos a un precio relativamente justo a cambio de subsidiar a los agricultores de tu localidad. Me encanta visitar el mercadillo agrícola semanal que me ofrece la oportunidad de aumentar la cantidad de productos que puedo cultivar por mí misma. Sean cuales sean las opciones (o limitaciones) que tengas para dedicarte a la horticultura, favorecer a un agricultor local es una oportunidad para crear comunidad y apoyar a gente orgullosa de su vocación. Además de disfrutar de una disminución de los residuos de carbono, también tiendo a confiar más en alguien que se gana la vida a ochenta kilómetros de distancia que en una gran empresa agrícola por más que en su etiqueta aparezca la palabra *orgánico*. Los conglomerados industriales, a pesar de usar fertilizantes orgánicos o pesticidas de bajo impacto, hacen muy poco por nutrir el terreno. Un pequeño agricultor que utilice compost, estiércol y rotaciones de cultivos restablece el terreno y protege las cuencas. No solo apreciarás la diferencia en el sabor sino que también lo sentirás en tu salud.

Si no puedes visitar asiduamente un mercado local ni hacerte miembro de un CSA, prueba a cultivar algunos alimentos. Descubrirás que no hay mayor satisfacción que mordisquear un rábano cultivado en tu propia terraza. Los espárragos de tu vecino dejarían en ridículo la sección de verduras del supermercado. La forma y el estado de las zanahorias de un CSA reflejan la tierra y las manos que las hicieron crecer. Quizá incluso tengas que restregarlas un poco para quitarles la tierra. Puede que estén partidas por la punta o ligeramente torcidas. Pero es comida auténtica.

CEREALES Y HARINAS

Quizá uno de los debates más importantes (realmente, merecería la pena escribir un libro entero sobre ello) es el del grano de los cereales y la harina. La manera de obtenerlos y, en consecuencia, sus características influirán enormemente en la vida del iniciador además de en el sabor, digestibilidad y valor nutritivo del alimento. Emplea harinas de cereales integrales que no hayan sido elaboradas industrialmente en molinos de cilindros. Este procedimiento debilita el valor nutritivo de la harina al eliminar el salvado y el germen durante la elaboración; después se añade algo de salvado para crear harina de «trigo integral». La verdad es que este producto no tiene nada de integral, ya que la mayor parte de los aceites nutritivos del germen se pierde; de ese modo puede almacenarse durante más tiempo. Y, por lo que más quieras, ¡ni se te ocurra usar la harina refinada, enriquecida y con levadura! Está muerta, carente de bioactividad, y por tanto va contra el sentido común usarla para crear un cultivo de masa madre activo. Utilizar harina molida con una actitud consciente cambiará de manera espectacular tu cultivo al aportarle microorganismos beneficiosos, dando lugar así a una mejor fermentación del pan.

Las variedades específicas de los diferentes granos con sus correspondientes historias aparecen en las notas de las recetas de este libro, pero aquí me gustaría decir unas palabras generales acerca de las fuentes. He preparado estas recetas con harina orgánica, recién molida a la piedra. Casi todos los cereales con los que se elaboró se cultivaron en la región, la mayor parte procedente del norte del estado de Nueva York (ver «Recursos», página 301). Esto significa que mi harina común tiene restos visibles de salvado y su comportamiento es bastante diferente del de la harina blanda y blanca que se vende en las tiendas. Según determinados estándares, mi harina integral para repostería podría considerarse gruesa. Ambos tipos absorben hasta ¼ de taza (60 ml) más de líquido que la mayoría de las harinas elaboradas por procedimientos industriales, de manera que si vas a usar harinas comerciales, ajusta las recetas adecuadamente.

Estos cereales, cultivados en el fértil valle del Hudson, están sujetos a los caprichos de las alteraciones del clima y a veces pueden ser difíciles de conseguir. Esto es parte del ciclo de la alimentación basada en productos de temporada. Hay variedades increíbles de granos autóctonos (especialmente trigo) apropiados para climas duros que se están recuperando a todo lo largo de Estados Unidos. Entre ellos figuran variedades resistentes a la sequía, como el trigo de Sonora, que tienen un extraordinario rendimiento como harina común y en pequeñas cantidades en el pan. La escanda es un trigo duro de la zona del Creciente Fértil que produce una maravillosa harina dorada muy apropiada para pastelería y repostería, y se usa en muchas de las recetas de este libro por su elevado contenido en proteínas y su dulzor natural. El trigo

rojo de Turquía es una reliquia resistente a los inviernos duros que hoy día se cultiva en todo el país. Sus rastrojos (las estructuras laterales en forma de raíces que sobresalen de la corona) ayudan a estabilizar el terreno, previniendo la erosión y la degradación de la tierra en la que crece. Estos son solo unos pocos ejemplos de la revolución que estamos experimentando para revitalizar cereales autóctonos que no solo son superiores a nivel nutritivo sino que tienen un menor tamaño, más sabor y se digieren mejor. Al comprar estos cereales y harinas, estás contribuyendo a preservar la diversidad genética, no solo siguiendo una dieta de moda.

Esta filosofía de preservación y diversificación debería ir más allá de nuestra fascinación por el trigo y extenderse también a otros cereales, semillas, legumbres y pseudocereales. Los cereales alternativos como el mijo, el trigo sarraceno, el amaranto y el centeno son excelentes para cultivarlos en rotación con el trigo, el maíz y las alubias. Aprender a consumirlos y disfrutarlos contribuye a crear un mercado para estos importantes cultivos aparte del de la alimentación del ganado y ayuda a los agricultores a proteger la tierra. Cuando se preparan de forma adecuada, pueden ser inmensamente satisfactorios. En este libro te ofrezco muchas recetas que los incluyen.

Para elaborar harina se pueden usar diferentes cereales, frutos secos y semillas. Al consumir harinas de distintos cereales, es importante conocer su contenido en proteína en relación con su rendimiento. Por lo general, cuanto más alto es el contenido en proteína (especialmente en las harinas glutinosas), más fuerte es la harina y mayor el volumen del producto horneado.

La *harina de panadería* es una harina fuerte hecha de trigo duro con un elevado contenido en proteína, normalmente del 11 al 13%. Se muele y se tamiza para crear una harina blanca que tiene la capacidad de producir una especie de red elástica de gluten. Esto es importante, especialmente al elaborar pan. Es útil cuando se usa con harinas de cereales integrales sin gluten o con un contenido bajo en gluten para evitar texturas excesivamente densas y conseguir la esponjosidad deseada.

La *harina de alta extracción*, a la que a veces se la llama también «medio blanca», es una harina con elevado contenido en proteína que se ha tamizado para eliminar el salvado, dejando solo una pequeña parte de este. Sigue conservando todo el germen, lo que la hace una harina altamente nutritiva y llena de sabor que se estropea con facilidad. Utilízala justo después de comprarla o consérvala en el congelador para mantener su frescura.

La *harina integral* contiene el 100% del trigo original, alto en proteínas. Puede comprarse fina o gruesa. Para bollería y galletas, uso harina integral de un trigo suave tamizada para separar el salvado, que luego se vuelve a moler. Para el pan prefiero usar harina de una variedad llamada *Red Fife*, por la profunda caramelización que se obtiene en la corteza. Como sucede con la de alta extracción, los aceites del germen de esta harina se vuelven rancios rápidamente, de manera que úsala enseguida cuando la compres o consérvala de manera apropiada.

La *harina de todo uso*, también llamada «harina común», es una mezcla de trigo duro y tierno con un porcentaje del 9 al 11% de proteína, dependiendo del productor. Tiene una textura más fina que la mayoría de las harinas y puede usarse en bizcochos, panes rápidos, galletas y tartas. Si puedes conseguirla, la harina de trigo de Sonora, finamente molida, es excelente como harina de todo uso.

La *harina para repostería* se elabora con trigo blando bajo en gluten. Es la que presenta la textura más fina de todas, muy útil para la preparación de pasteles y bollería fina.

FRUTOS SECOS Y SEMILLAS

Los frutos secos y las semillas ofrecen una concentración de calorías, nutrición y textura, pero hay que tratarlos apropiadamente para asegurar su frescura y buena digestibilidad. Siempre es una buena idea comprar a granel de una fuente que se renueve frecuentemente para asegurarse de que están frescos. Comprar a granel te ofrece también la posibilidad de probar los productos, ¡la mejor manera de juzgar antes de comprar!

El aceite de los frutos secos se puede poner rancio rápidamente si estos no se almacenan de forma adecuada, y por supuesto eso afectará al sabor y a la digestibilidad. Cómpralos enteros y crudos para poder tostarlos y partirlos tú mismo, así obtendrás los mejores resultados. Esto requiere un poco más de trabajo en la cocina, pero mejorará extraordinariamente el sabor y la calidad de tu comida. Una vez que los lleves a casa, guárdalos dentro de un recipiente hermético en un lugar fresco y oscuro. Si no vas a usarlos en un par de semanas, puedes incluso refrigerarlos o congelarlos, bien cerrados, asegurándote de no exponerlos a la humedad.

Tostar frutos secos o semillas

Una manera estupenda de potenciar el sabor de los productos horneados que contienen frutos secos o semillas es tostarlos primero. Para obtener los mejores resultados, precalienta el horno a 175 °C y extiéndelos en una sola capa uniforme sobre una bandeja con bordes. Hornéalos, removiéndolos cada 4 o 5 minutos. Los frutos secos y las semillas te mostrarán cuándo están listos al empezar a desprender su olor. Déjate guiar por el olfato y obsérvalos con atención, porque una vez que estén tostados se quemarán rápidamente. Las pipas de girasol y de calabaza necesitarán de 8 a 10 minutos, mientras que las avellanas, las almendras, las pacanas y las nueces requerirán un poco más, de 12 a 17 minutos, dependiendo de su tamaño, contenido en aceite y frescura. Las semillas

pequeñas se volverán ligeramente marrones por la piel exterior y los frutos secos más grandes revelarán su color tostado en el interior de su pulpa. Si tienes que pelar las avellanas después de tostarlas, espera hasta que terminen de enfriarse y luego frótalas entre las manos para quitarles la piel.

SAL

La sal cumple numerosas funciones en una receta además de potenciar el sabor. Tiene la capacidad de extraer agua de las moléculas de harina, lo que dificulta la hidratación y la actividad enzimática —la catalización enzimática convierte los almidones en azúcares que sirven de comida para la comunidad microbiana—. Por esta razón se añade a la masa tras la mezcla inicial y un periodo de reposo; esto permite que la harina absorba totalmente el agua e inicie la actividad bioquímica. Una vez añadida, refuerza la cohesión de las proteínas de gluten, y notarás que la masa empieza a endurecerse y a separarse del bol. Si te resulta difícil incorporar la sal tras la autolización, añade un poco más de agua para ayudar a disolverla en la masa.

Además, la sal regula la fermentación, lo que puede ser útil en climas cálidos o cuando se usa un alto porcentaje de cereales integrales. Otra de sus funciones es la de conservante, ya que alarga la vida del pan. Finalmente, también influye en el color de la corteza, además de resaltar el sabor de la fruta.

Por supuesto, todas estas funciones dependen de que se usen las cantidades apropiadas. Generalmente. el 2% del peso total de la harina de la receta es lo adecuado si no se usan otros ingredientes salados. Como la influencia

1. *Anethum graveolens*, eneldo
2. *Coriandrum sativum*, cilantro
3. *Papaver somniferum*, amapola
4. *Foeniculum vulgare*, hinojo
5. *Nigella sativa*, comino negro

de la sal es tan importante, es esencial que emplees una de calidad. El cloruro sódico viene en diferentes formas, pero te recomiendo la sal marina fina por su fácil incorporación en la masa.

AGUA

El agua es un ingrediente esencial, especialmente en la masa del pan, ya que inicia la fermentación tan pronto como se añade a la harina. La calidad del agua corriente varía según el lugar, y las fuentes con exceso de cloro tienen un efecto adverso en las comunidades microbianas que deseas cultivar. En caso de duda, usa agua filtrada. El agua debería estar tibia, ni caliente ni fría al tacto.

· ·

El ingrediente secreto del panadero: vodka

Para hacer los hojaldres prefiero usar vodka en lugar de agua. En la mayor parte de la repostería no es recomendable la formación de gluten, ya que produce una textura gomosa en lugar de ligera y hojaldrada. Mientras que al añadir agua las proteínas del gluten se unen rápidamente, el etanol evita su formación. El alcohol se evapora una vez sometido al calor, dejando espacio entre el resto de los ingredientes. Este ingrediente fundamental, junto con la correcta estratificación de la mantequilla, hace que la mayoría de la gente se sorprenda al saber que se trata de masa fermentada. Mi especialista particular en vodka polaco me recomendó una marca de su país que tiene un precio razonable, y desde entonces guardo siempre una botella, pero cualquier marca sirve. Mantén el vodka en el congelador.

· ·

ESPECIAS

Con un poco de suerte, ya estarás usando muchas de las hierbas y especias que aparecen en este libro. Si te falta alguna, dedica un tiempo a buscarlas en el mercadillo más cercano. Allí no solo encontrarás toda clase de especias, hierbas, cereales y frutos secos, sino que, por lo general, podrás comprar a granel, reduciendo así los gastos y los residuos del empaquetado que se originan al hacer las compras en el supermercado. Si vives en una zona más rural, puedes encontrar por Internet proveedores que venden especias de calidad superior a precios reducidos (ver «Recursos», página 301).

Compra tan solo unos pocos gramos de especias en cada ocasión, aunque si prefieres adquirir una mayor cantidad, puedes

compartirla con alguien para que no pierdan su potencia. Guárdalas en recipientes etiquetados, herméticos y alejados de la luz del sol directa para asegurarte de que mantienen su frescura y revisa la despensa un par de veces al año. Si al olerlas notas que se han vuelto rancias o han perdido su fragancia, es hora de usarlas como abono.

Azúcar y otros edulcorantes

Con respecto a la comida, el término *azúcar* se suele emplear aplicado a la sacarosa. Entre las dos fuentes principales de esta se encuentran la caña de azúcar tropical *Saccharum officinarum* y la remolacha que crece en los climas templados, *Beta vulgaris esculenta*. Estos dos importantes cultivos no se encuentran relacionados botánicamente pero pertenecen a las familias enormemente variadas *Poacea* y *Amaranthaceae*. Por suerte, tenemos otras opciones aparte de las versiones refinadas de estas dos plantas que han dominado la cocina tradicional de esta época.

Muchas recetas de este libro usan azúcar para realzar el dulzor natural de la fruta, el chocolate o los cereales enteros. Me he esforzado al máximo en usar la menor cantidad posible para lograr un resultado satisfactorio, así como para utilizar fuentes que son superiores al azúcar blanco refinado en valor nutricional. La ventaja de esta estrategia es que, además, el sabor mejora, ¡esto en mi casa tiene la misma relevancia que las cantidades diarias recomendadas! Sin embargo, algunos usos requieren de unas cantidades mayores de las ideales, como el de conservante en mermeladas o compotas. Si vas a comer inmediatamente la fruta o a congelarla, en lugar de hacer conservas con ella, puedes reducir el azúcar a la mitad como mínimo. Siempre que sea posible, usa fuentes orgánicas, no solo por sus efectos más inofensivos para la tierra en la que crecen, sino también para apoyar a los agricultores que las producen.

El azúcar tiene otras muchas funciones en las recetas, además de añadir dulzor.

Si decides cambiar el azúcar granulado de una receta por una alternativa, te recomiendo que escojas otra fuente granulada o seca. Panela rallada, sucanat o azúcar moreno son algunos de mis sustitutos favoritos aunque requieren hacer un esfuerzo extra. La contrapartida es un sabor suave de caramelo que sustituye al del azúcar blanco. El mascabado granulado, que viene en forma clara y oscura, es un azúcar menos refinado que también es un sustituto apropiado. Si en lugar de eso eliges un líquido (como la miel o el sirope de arce), intenta reducir los demás líquidos de la receta. Esto puede ser difícil si el único líquido que se usa es el agua del iniciador.

El jarabe de arce y la miel cruda tienen los beneficios añadidos de los antioxidantes o minerales, así como su agradable sabor. Elige el tipo teniendo en cuenta los demás sabores de la receta. Algunas mieles, como la de castaña, la de trigo sarraceno y la de lavanda, tienen un sabor sorprendentemente picante que puede o bien anular el de otros ingredientes o bien mezclarse agradablemente con ellos. Muchas recetas funcionan bastante bien con una miel más suave de tilo o acacia, azahar o flores silvestres.

Otras fuentes de azúcar como el coco, el arce y los dátiles son ahora más asequibles y ofrecen un valor nutricional añadido y sabores profundos. Su coste elevado me impide tenerlos siempre en la despensa, pero pueden ser un manjar delicioso, especialmente si no horneas a menudo o en grandes cantidades.

GRASAS Y ACEITES

Algunas recetas emplean manteca de cerdo o grasa de pato, dos grasas animales que uso de buena gana por su sabor, rendimiento y textura especiales. Adquiérelas de una carnicería orgánica de confianza, o prepáralas tú mismo. Cada vez que llega el Día de Acción de Gracias, aso un pato con el único propósito de recoger su grasa y guardarla en el congelador durante el resto del año. Este ingrediente garantiza un sabor suave al llevarte a la boca unas tortillas (página 118) o unos sabrosos palitos de verduras (página 111). También puede usarse en lugar de la manteca de cerdo en la masa de hojaldre que se emplea, por ejemplo, para el pastel de manzana con costra de cheddar (página 123). Si eres vegetariano, trata de usar en su lugar aceite de coco en estado frío y sólido, aunque su sabor característico quizá no sea el deseado. Tanto la grasa de pato como la manteca de cerdo pueden conservarse en el frigorífico hasta que vayan a usarse, en especial si solo los necesitas ocasionalmente. Mantén los aceites orgánicos (de oliva virgen extra, de coco y de cacahuete para freír) en un lugar fresco y oscuro hasta su uso.

HUEVOS Y PRODUCTOS LÁCTEOS

Usa siempre leche entera orgánica, yogur entero y mantequilla con toda su grasa. Adquiérelos de un productor local, e incluso mejor si puedes conseguirlos crudos. En la elaboración de estos productos no se han destruido las enzimas, que son una ayuda fundamental para la digestión de la lactosa. Consumir productos lácteos crudos tratados a conciencia es mejor para el estómago y además más nutritivo.

Compra los huevos de acuerdo con los mismos principios que los productos lácteos: la clave es que sean locales, de granja y orgánicos. Observarás que la yema tiene un color amarillo anaranjado brillante que indica que vienen de gallinas satisfechas, con una alimentación bien equilibrada de forrajeo llena de coloridos carotenoides.

HIERBAS

Es fácil comprar hierbas, pero son más interesantes y tienen más sabor cuando las cultivas tú. Muchas hierbas aromáticas comunes como el tomillo, la menta y la albahaca, tienen cientos de variedades diferentes. Lo más probable es que no puedas conseguirlas todas en el supermercado y están más frescas cuando las recoges justo antes de utilizarlas en la cocina. Si al final de la temporada de cultivo tienes una gran cantidad de hierbas aromáticas, como lavanda, menta o manzanilla, puedes colgarlas para secar y obtener así tu mezcla particular de infusiones para el invierno. Cada hierba tiene sus propias condiciones óptimas de cultivo, que varían según las especies, pero afortunadamente la mayoría de ellas son fáciles de cultivar. Si tienes bastante sol (al menos seis horas de luz directa) y una tierra bien drenada, puedes cultivar multitud de hierbas. Muchas de ellas, de carácter anual, como el hinojo, la albahaca, el cilantro y el anís, pueden cultivarse directamente de la semilla y brotar cada año por sí mismas. Otras, como el romero, la lavanda, el pelargonio (geranio perfumado) y el orégano, pueden ser más fáciles de cultivar cortándoles un esqueje o dividiéndolos. Ten en cuenta su ciclo de crecimiento anual, bienal o perenne y disfruta no solo de su fragancia, sino también de su capacidad de atraer insectos polinizadores y predadores al jardín.

Normalmente, si las colocas cerca de plantas ornamentales o de verduras, la hierbas aromáticas te ayudarán a llevar equilibrio a un jardín orgánico.

1. *Salvia officinalis*, salvia de jardín
2. *Ferula asafoetida*, asafétida
3. *Ocimum basilicum*, albahaca tailandesa
4. *Ocimum basilicum minimum*, albahaca griega
5. *Petroselinum crispum*, perejil rizado
6. *Ocimum basilicum* 'Genova', albahaca genovesa
7. *Papaver somniferum*, amapola
8. *Thymus vulgaris*, tomillo común
9. *Anethum graveolens*, eneldo
10. *Nigella sativa*, comino negro
11. *Mentha piperita*, menta
12. *Pycnanthemum tenuifolium*, menta de montaña

FLORES COMESTIBLES

No se me ocurre una actividad más placentera que cosechar pétalos de flores frescas aromáticas. Es una delicia recogerlos en el campo y utilizarlos en casa también puede ser una actividad agradable compartida con amigos o con los más pequeños de la familia. Las flores comestibles tienen el incentivo de añadir color, textura y sabor a las recetas. Si dispones de espacio para cultivarlas, serás recompensado con una amplia variedad de sabores que van del picante al perfumado, pasando por el herbáceo. Algunas de mis favoritas son las rosas, las lilas, las violetas, la capuchina, la caléndula, la margarita, la malva, la manzanilla, cebollino, clavo y las flores de habas, de borraja y saúco. Muchas flores comestibles silvestres pueden recogerse también en el campo, pero asegúrate de conocer bien las especies

1. *Nepeta x faassenii*, hierba gatera
2. *Allium schoenoprasum*, cebollino común
3. *Aquilegia vulgaris* 'Miss MI Huish', aguileña
4. Rosa 'Harison's Yellow', rosa amarilla de Texas
5. *Tropaeolum majus*, capuchina
6. *Syringa vulgaris*, lila común
7. Viola tricolor
8. *Coriandrum sativum*, cilantro
9. *Abelia mosanensis*, abelia coreana

antes de consumirlas (ver «Notas sobre la recolección silvestre», página 59). Si decides comprarlas, usa solo aquellas que sepas que han sido cultivadas orgánicamente, sin pesticidas. Las flores que vienen de las floristerías o viveros suelen estar tratadas con sustancias químicas nocivas. Para conservar los pétalos, colócalos en una toallita de papel húmedo en un recipiente hermético. ¡Te sorprenderá lo mucho que aguantan así en el frigorífico! Al utilizarlos, sirve solo los pétalos; descarta los sépalos, pistilos y estambres, que pueden tener un sabor amargo.

Notas sobre la
recolección silvestre

No me ata ningún lugar público,
sino mi propia tierra
donde he plantado viñas y
orquídeas, y en medio del calor
del día
trepé a la sombra sanadora
del bosque.

—Wendell Berry

Quizá sea por estar privados de la exposición a los ritmos de la naturaleza o por el hecho de que muchos pasemos más tiempo delante de una pantalla que en contacto con el sol, la lluvia, la tierra o el viento; la cuestión es que necesitamos conectar con nuestro lado salvaje y con el aspecto imprevisible de la naturaleza. La recolección silvestre no solo proporciona este encuentro sino que también es una fuente de alimentos gratuitos y altamente nutritivos con los que tenemos una relación directa. Ya sea en nuestros propios huertos o en el campo, la recolección silvestre es una experiencia que nos suministra aceites esenciales, proteínas y antioxidantes que no encontramos en los productos agrícolas cultivados.

He seleccionado cuidadosamente los ingredientes considerando la posible presión que podrían ejercer sobre las poblaciones de plantas silvestres. Los candidatos más notables para recolectar son las plantas invasivas, como la hierba ajera silvestre, cuya presencia en los bosques de Norteamérica ha significado el declive de muchos árboles autóctonos. Otras especies necesitan una gestión más cuidadosa: prestar atención, por ejemplo, a su tiempo de regeneración. No hay necesidad de agotar las plantas perennes de crecimiento lento como los puerros silvestres, cuando podemos adquirirlas fácilmente de proveedores concienciados. Es una buena costumbre preguntar respetuosamente dónde se han recolectado. Si la respuesta no es satisfactoria, apoya a un proveedor que sepa con exactitud lo que implica su labor.

Si te decides a entrar en los grandes espacios silvestres del campo o el bosque, ten en cuenta las siguientes precauciones para una recolección ética y segura. Si es la primera vez que lo haces, asiste a una clase, o participa en un paseo organizado con un experto en plantas que pueda familiarizarte con la zona y con cualquier situación específica de ella.

- Como regla general, no recojas nunca más de una tercera parte de cualquier planta o de una población de plantas. Deja siempre algo para asegurar una reserva sin alterar el equilibrio de la naturaleza. Las especies invasivas son la excepción. De hecho, ayudarás a restablecer el equilibrio si erradicas las plantas agresivas que desplazan a las autóctonas.

- Ten cuidado con algunas plantas muy parecidas a otras comestibles, ¡pero que son venenosas! Lleva siempre una guía de campo y familiarízate con los rasgos característicos de cualquier planta antes de cosecharla.

- Ten en cuenta el entorno. Evita las autopistas concurridas y ten precaución con las parcelas urbanas abandonadas, ya que sin darte cuenta podrías estar recolectando donde se han derramado o arrojado sustancias químicas.

- Si las hojas o los tallos se marchitan durante el viaje, colócalos en un bol de agua fría en el frigorífico. Por regla general se recuperarán en aproximadamente una hora.

3. Fundamentos de la masa madre

¿Cómo se puede llamar grande a una nación cuando su pan sabe a Kleenex?

—Julia Child

La mayoría de los panaderos experimentados conoce el uso de la masa madre para fermentar el pan, pero su versatilidad en la cocina va mucho más allá de la *baguette*. Lo que viene a continuación es una introducción a sus humildes componentes así como a los numerosos beneficios nutricionales y digestivos de usar un cultivo de masa madre.

¿Qué es la masa madre y por qué usarla?

La masa madre es una mezcla de agua y harina que alberga una relación simbiótica entre las levaduras silvestres (*Saccharomyces*) y varias especies de bacterias (*Lactobacilli*). La acción de la levadura al devorar los almidones de la harina da lugar a un producto de desecho de dióxido de carbono que fermenta el pan. La beneficiosa fermentación láctica es la responsable de crear un entorno ácido donde las bacterias nocivas y la levadura no pueden vivir pero otros microorganismos beneficiosos sí. Los *Lactobacilli* son también responsables de descomponer los fitatos presentes en la mayoría de los cereales, semillas y frutos secos, haciéndolos más digeribles para aquellos con un sistema digestivo sensible. Por esta razón, se usan en otras recetas aparte del pan para ayudar a la asimilación de nutrientes así como para aumentar el sabor.

La masa madre también ayuda a mitigar los efectos de los fitatos. Las semillas de varios tipos de alubias, árboles de frutos secos, trigo, centeno y también cereales no glutinosos como el mijo han desarrollado fitatos como un mecanismo para asegurar la reproducción. Los fitatos son el principal almacén de fósforo de una planta cuando está unido a otros minerales en la semilla. El fósforo es muy importante para la germinación y el florecimiento, y específicamente para la formación de raíces en los nuevos plantones. Sin embargo, no podemos disponer de este fósforo porque las plantas prefieren que la energía que invierten en crear semillas se use en su próxima generación (al contrario que nosotros, que preferiríamos comérnoslas). Si fuéramos rumiantes (como por ejemplo, las vacas), produciríamos la enzima fitasa, que ayuda a eliminar los fitatos. Pero si no disponemos de ningún método para vencer a los fitatos, pueden ser perjudiciales para nuestra digestión. Esto se ve con mucha claridad en los individuos cuyo sistema inmune o digestivo está debilitado por una enfermedad o molestia crónica.

Los fitatos no solo inhiben la absorción del fósforo y ocasionan un problema digestivo, sino que además obstaculizan la absorción de otros elementos esenciales. Esto puede llevar a deficiencias nutritivas si tu alimentación es rica en cereales integrales. Aquellos para quienes los cereales constituyen el principal medio de sustento, como los habitantes de los países en vías de desarrollo o los vegetarianos, pueden sufrir también los efectos de este antinutriente que bloquea la absorción de minerales. ¿Qué sucede con todo ese hierro, magnesio, calcio y cinc que creías que estabas obteniendo del pan integral o los cereales milenarios que compraste en la tienda? Probablemente no estés absorbiendo mucha cantidad y es posible que en lugar de eso tengas dolor de estómago. La buena noticia es que la fermentación láctica de la masa madre ayuda a descomponer los fitatos y hace que los cereales, las semillas y los frutos secos de todos los tipos sean mucho más digestibles y nutritivos.

La masa madre no es, ni mucho menos, una solución para los alérgicos a los cereales o los celíacos. Sin embargo, es adecuada para quienes tienen cierta intolerancia y es mucho más nutritiva que el pan de cereal integral fermentado con levadura convencional. Los estudios han demostrado que la masa madre baja el índice glucémico de la harina blanca y hace que sea mucho más fácil asimilar los cereales integrales y las semillas al disminuir los fitatos presentes en ellos. Como los fitatos se descomponen con la fermentación ácida láctica de la masa, tu cuerpo podrá absorber vitaminas y minerales importantes que de otra manera no lograría aprovechar con la levadura convencional. Usada en esta fermentación en combinación con métodos de impregnación, el pan elaborado con masa madre no solo es digerible sino también muy nutritivo. Y además está ¡increíblemente delicioso!

Durante los últimos años, he repartido iniciador entre mucha gente que tenía curiosidad por su valor nutritivo o que quería ampliar sus conocimientos especializados más allá de la levadura comercial. La mayor queja que he oído desde entonces es que no lo usan lo suficiente y termina por convertirse en un tarro misterioso que acecha desde el fondo del frigorífico. Tras pasar unas cuantas semanas de letargo, empiezan a dudar si tendrá alguna eficacia, y con frecuencia renuncian a todo el potencial de sabor que ofrece. Sin embargo, otros que han usado iniciador durante muchos años para crear crujientes panes artesanos se han aventurado un poco más allá de su zona de confort. Con suerte, estas recetas te guiarán a utilizar la masa madre para preparar algo más que esa deliciosa hogaza de los fines de semana.

La masa madre ofrece muchos beneficios, entre ellos el aumento de la digestibilidad de la harina, así como una mejora del sabor. Este cultivo único complementa muchos otros ingredientes aparte de los cereales, como los sabores potentes del chocolate, que combinan naturalmente con la acidez de la masa madre. Pero además añade una rica complejidad de sabor a muchas otras recetas tradicionales, aportando una textura sabrosa a las hogazas de pan y un ligero amargor a los hojaldres, prácticamente imperceptible cuando están rellenos de fruta madura de la estación. Quizá en un principio te sorprenda la consistencia que la masa madre aporta a unas cuantas recetas que superficialmente parecen «espuma» en lugar de comida. Cuando incorpores este tipo de horneado saludable a tu repertorio, notarás que esta textura refleja un valor nutricional añadido e interpretarás su densidad como un efecto positivo.

UNA VIDA INSPIRADA

Haz cualquier cosa, pero deja que provoque dicha.
—WALT WHITMAN

Para poder hornear utilizando un elemento impredecible que responde a la más mínima diferencia de temperatura, humedad e incluso (me atrevería a decir) estado de ánimo, hay que prestar atención. Mejorar como panadero es estar plenamente presente en el proceso desde el comienzo hasta el fin. Este es un esfuerzo comprometido que requiere que disminuyas el ritmo y escuches. Con el tiempo llegarás a conocer íntimamente los elementos más poéticos de la masa madre, utilizando todos tus sentidos. Acostúmbrate a oler el iniciador antes y después de los refrescos. ¿Huele afrutado o agrio? Usa las manos no solo para guiar la masa sino también para evaluar su desarrollo. ¿La sientes tensa

la capacidad para lograr evaluar todos estos elementos, observarás cómo estos procesos influyen en otras áreas de tu vida. Puede que no solo te vuelvas mejor panadero, sino muy posiblemente, un amigo más cercano, un hermano capaz de perdonar las ofensas, un trabajador más comprensivo o (con un poco de suerte) un amante más sensible.

Cuando nos fijamos en las sutiles diferencias de cada paso que damos, nos estamos dando permiso para vivir de una manera más inspirada. Podemos disfrutar más de los pequeños placeres y dejar atrás las grandes preocupaciones de nuestro quehacer cotidiano. Podemos regalar una comida sabrosa a nuestros seres queridos, participar de lleno en el proceso que hace que la comi-

o suelta? ¿Puedes oler la caramelización cuando el pan está en los últimos minutos del horneado? ¿Oyes el susurro de la corteza cuando cruje y se enfría? Una vez que hayas dominado da no solo alegre los estómagos sino que también dé calor a los corazones de aquellos con quienes la compartimos.

PLANIFICANDO EL USO DE LA MASA MADRE EN LA COCINA

Hornear con masa madre es una ocasión para dedicarte a varias tareas en la cocina, el hogar y el huerto. Se trata, por su propia naturaleza, de un proceso lento que afortunadamente te permite una gran cantidad de tiempo en el que no hay que hacer nada. Gracias a la planificación requerida para preparar algunas recetas con fermentación larga, especialmente los panes que aparecen en este libro, se consiguen un sabor y una digestibilidad extraordinarios. Una vez que te hagas una idea de cómo funciona el iniciador, en ocasiones te apetecerá modificar el tiempo de subida o aumento de la masa para encajarlo en tu horario. Por ejemplo, quizá quieras refrigerar la masa en la fase amorfa antes de irte a trabajar, para darle forma al volver a casa. La mayor parte de las masas de hojaldre de este libro también pueden elaborarse y congelarse con anterioridad, con lo cual te será muy fácil utilizarlas el fin de semana para un *brunch* o merienda.

La fermentación larga también hace que algunas recetas resulten más adecuadas para aquellos con problemas de digestión. Si esto te preocupa, puedes realizar la fermentación durante periodos más largos de tiempo después de realizar la mezcla. Sin embargo, sé consciente de que si una receta te pide un agente de fermentación rápida como el bicarbonato sódico o la levadura en polvo, estos se debilitarán a las tres o cuatro horas de permanecer en una masa mezclada. Los fermentos más prolongados de ciertas masas de pan también fomentarán un sabor más fuerte a masa madre causado por la acumulación de ácidos acético y láctico, que puede ser o no de tu agrado.

El carácter del iniciador, así como su rendimiento y las características de su sabor, cambiarán con el paso de las estaciones. El frío de los meses de invierno requerirá periodos más largos de levantamiento, en cambio, en verano tendrás que mantenerte alerta al hornear. Te animo a experimentar las cuatro estaciones de horneo. Tendrás que reaccionar a circunstancias impredecibles como los días fríos de lluvia, o el clima cálido y árido, y en cada ocasión aprenderás más sobre la fermentación y este ingrediente ilimitado de la cocina que llamamos masa madre.

El inicio: cultivar microorganismos

Cómo crear tu propio iniciador

Al añadir agua a la harina, estás activando enzimas que convierten los almidones en azúcares: alimentos para los miles de millones de levaduras y bacterias que están por todas partes dentro de nosotros. Una vez que tienen disponible esta fuente de alimento, los microorganismos se multiplican fácilmente. Solo necesitas una pizca de iniciador para disponer de un tarro lleno de actividad, pero crear tu propio iniciador no es difícil. Requiere ingredientes sencillos y alrededor de una semana para comenzar. Una vez que esté bullendo y activo, tendrás que seguir un programa de mantenimiento bastante fácil y flexible.

Una forma curiosa de conseguir un iniciador consiste en usar pasas para crear agua de levadura. Al iniciador que se obtiene a partir de esto lo llamo «la Madre», porque dará a luz a las múltiples recetas de este libro. Aunque en los Estados Unidos es un método prácticamente desconocido, se ha usado ampliamente en Europa y cualquiera puede seguirlo. Así es como he decidido crear la Madre que empleo en mi cocina y que ahora es una presencia vorazmente activa dentro de ella. Para las siguientes medidas necesitarás una báscula de cocina. Con esto te asegurarás de poder refrescar el iniciador con

cantidades generosas de harina y agua, así como mantener una auténtica hidratación del 100%. (Para más información sobre las básculas digitales, ver la página 20).

INGREDIENTES*

- Dos recipientes de 1 l de cristal o cerámica con tapa
- 685 g de agua filtrada
- 150 g de azúcar granulado
- 65 g de miel cruda
- 225 g de pasas
- 175 g de harina de panadería

En una cazuela, calienta a fuego lento 570 g de agua y el azúcar hasta que esta se disuelva. Deja enfriar, agrega la miel y vierte la mezcla en uno de los recipientes junto con las pasas. Prefiero usar recipientes de vidrio con un cierre de pestillo. Ciérralo y colócalo en un lugar cálido de tu cocina. Encima del frigorífico suele ser un buen sitio, ¡pero no te olvides de que lo has dejado ahí!

Durante los siguientes 5 a 7 días, abre la tapa y agita la mezcla varias veces diarias. Tras el tercer o cuarto día (dependiendo de la temperatura ambiente de la cocina), empezarás a oler el alcohol. Oirás una especie de «pop» al abrir la tapa del recipiente, que soltará dióxido de carbono como producto de desecho de la fermentación. ¡Esto significa que la fermentación se está produciendo adecuadamente y que estás a punto de obtener una Madre feliz!

Al llegar este momento, deja el recipiente cubierto, sin cerrar herméticamente, para dejar que la mezcla «respire». Tras 6 o 7 días, deberías observar burbujas saliendo a la superficie. Esta es una indicación de que tu agua de levadura está preparada. Añade 60 g de esta agua de levadura a 60 g de harina de panadería en el otro recipiente (este es el bote que contendrá el iniciador). Agítalo hasta que esté completamente mezclado y déjalo tapado, pero sin cerrar herméticamente, durante 8 horas o toda la noche a temperatura ambiente. Tras esta mezcla inicial, aparecerán señales de vida en forma de pequeñas burbujas. Añade los 115 g restantes de agua y los 115 g restantes de harina, coloca la tapa y deja que fermente a temperatura ambiente durante otras 8 horas. Puedes almacenar el exceso de agua de levadura en un recipiente hermético en el frigorífico para usar como sustituto de vino dulce de cocina para añadir a las frituras ¡o regalárselo a un amigo para que lo utilice! Aguantará hasta 6 meses.

Ahora que tienes tu propia Madre, mantenla viva refrescándola con partes iguales en peso de harina y agua. Tras varios refrescos más, cuando eches una cucharada de iniciador en un vaso de agua y flote en lugar de hundirse, estará listo para fermentar el pan. Recuerda que duplicará su tamaño una vez refrescado. Mantenlo en un recipiente en el que tenga espacio para esta expansión.

Me gusta tener siempre a mano de 150 a 300 g de iniciador. Si horneas menos, es posible

*N. del T.: en todas las recetas que aparecen en el libro los ingredientes líquidos aparecen medidos en gramos. Si te resulta más práctico convertirlos en mililitros puedes hacerlo siguiendo unos sencillos pasos: primero averigua (hay varias fuentes) la densidad del ingrediente en g/ml (por ejemplo el agua tiene una densidad de 1 g/ml, mientras que la leche la tiene de 1,03 g/ml). A partir de ese dato puedes calcular la equivalencia aplicando una regla de tres.

que solo necesites la mitad de esa cantidad. Siempre refresca (alimenta) el iniciador restante tras usarlo en una receta con la misma cantidad, en peso, de agua y harina. Si lo usas a menudo, puedes mantenerlo en la encimera de la cocina y alimentarlo una o dos veces al día. Si solo utilizas el horno los fines de semana o de vez en cuando, es mejor guardarlo en el frigorífico. Si lo mantienes frío, permanecerá en un estado semialetargado pero aun así necesitarás alimentarlo, como mínimo, una vez a la semana para mantenerlo activo.

Cómo alimentar (refrescar) el iniciador

Para alimentar el iniciador, independientemente del método de almacenaje que elijas, solo tienes que descartar la mitad y añadir agua y harina a partes iguales o superiores al peso del iniciador restante. Por ejemplo, si te quedan 100 g de iniciador tras haber descartado la mitad, añade al menos 100 g de agua y 100 g de harina para mantener un iniciador con un 100% de hidratación.

Es importante que alimentes apropiadamente el iniciador, pero no hay problema en añadir más agua o harina para darle más volumen cuando vayas a hornear una gran cantidad de productos. De esta manera obtendrás un iniciador con un sabor más suave.

Si alimentas un iniciador que vas a guardar en el frigorífico, mantenlo a temperatura ambiente tras un refresco y asegúrate de que se vuelve activo y burbujeante antes de volver a guardarlo en frío. Normalmente, transcurrirán de 5 a 8 horas, dependiendo de la temperatura de la cocina. Si has mantenido el iniciador durante más de unos pocos días, es preferible alimentarlo dos veces a temperatura ambiente antes de hacerlo fermentar. Muchas recetas de este libro no requieren iniciador fresco y te ofrecen una manera estupenda de sacar el máximo partido de los ingredientes sin dejar que nada se desperdicie.

Utilizando varias harinas en los iniciadores

Para desarrollar mi levadura de cereal integral prefiero tener un iniciador elaborado con harina orgánica sin blanquear de pan. Cada harina tiene diferentes características de comportamiento y desarrollará personalidades que reflejen sus propias comunidades microbianas. Durante mucho tiempo tuve muchos iniciadores diferentes, y les daba un nombre a cada uno, como Jabba, el iniciador blanco alborotador que periódicamente sobresalía de su recipiente. Mi Darth Vader de centeno tenía una actividad más latente, y su aroma afrutado con reminiscencias a miel era mi preferido. Con algo de tiempo y paciencia puedes fermentar fácilmente espelta, centeno o trigo integral usando un iniciador blanco. Todas las recetas de este libro te dan instrucciones sobre cómo hacerlo, y si tu frigorífico está constantemente repleto de otros «experimentos», ¡te alegrarás de guardar únicamente un tarro!

Paralelismos primordiales y la red alimenticia del suelo

Un líquido oscuro gorgotea en un tanque de 400 l llenando el aire otoñal de olor a pescado. Dentro, como una enorme bolsa de té, cuelga un saco de compost, harina de avena y mantillo de corteza; la cocción se mantiene a 22 grados de temperatura y está aireada por varias bombas de pequeño tamaño. A la mayoría de la gente le desagrada este olor, pero es una práctica importante dentro de las actividades del Jardín Botánico de Brooklyn.

A esta especie de poción de brujas se la llama té de compost. Al contrario que el agradable aroma a yogur del iniciador de masa madre, el té de compost apesta; es una sopa de microorganismos beneficiosos y a veces se usa en combinación con harina de pescado o ácidos húmicos para fomentar la salud de las plantas y erradicar las enfermedades. A las veinticuatro horas de empezar a cocer el té, hay miles de millones de criaturas invisibles listas para ser distribuidas por el huerto usando un pequeño tanque y un pulverizador. El té de compost puede usarse como aplicación foliar para reanimar a las plantas exhaustas en verano o como impregnación para equilibrar la actividad micótica y bacteriana del suelo. Es un proceso tedioso, pero hacerlo me permite disfrutar de caminar lentamente y observar sin esforzarme..., un ejercicio que es de agradecer en el jardín de rosas tras los sudorosos meses de verano obsesionada con limpiar los rastrojos y quitar flores marchitas frenéticamente.

Quizá te preguntes qué tienen en común el té de compost y la fermentación con masa madre, pero sorprendentemente los conceptos son similares. Para ser un buen jardinero y un buen panadero, uno tiene que cultivar. Esto no se limita a preparar el terreno, arrancar las malas hierbas o moler el grano. Hay que cultivar microorganismos para hacer que las plantas crezcan y también para que el pan suba. Esto nos enseña a ser más pacientes y tener fe en lo invisible.

SEGUNDA PARTE
LAS RECETAS

4. La cosecha de otoño

Hay una luz especial a última hora de la tarde, cuando por fin retrocede el asfixiante calor del verano. Las rosas a las que el sol estival volvía blancas enrojecen al regresar las noches más frescas. El crujido bajo los pies de materiales en descomposición y el punzante olor de las bayas del gingko señalan al jardinero que, finalmente, uno puede respirar profundas señales de cambio. Los días se van haciendo más cortos, y ha llegado el momento de obtener los beneficios de la estación.

Como trabajo la tierra, me resulta difícil elegir una época del año favorita. El paisaje neutral del invierno está maduro para la creatividad, pero este largo periodo de inactividad puede llevar a consumirse de ansiedad incluso al más centrado. En primavera, estamos demasiado ocupados en extender metros y metros de compost y luchar contra el tiempo para notar algo que no sea el hambre que nos consume. Con el calor y la humedad del verano solo apetece tomar cócteles fríos, buscar conchas por la playa y ocultarse bajo las copas de los árboles. Luego viene el otoño, que nos da permiso para celebrar y relajarnos, lleno de dulces hortalizas de raíz, estimulantes diseños de hojas y el suficiente frío para sentir deseos de acurrucarse. Quizá incluso de obsequiar al afortunado elegido con una hogaza de pan recién hecho endulzada con calabacín o con el tentador fruto de la granada. Esta es la estación para reflexionar y una oportunidad para volver a la cocina. Ambas actividades se complementan bien: permiten que el ritmo de trabajo del verano culmine en recetas que son un homenaje a la cosecha.

PAN DE CASTAÑAS ASADAS

PARA 2 HOGAZAS

Una vez madura, la cápsula con pinchos que cubre a la castaña se abre, dejando ver un fruto marrón cuya corteza correosa puede pelarse para extraer su carne amilácea. La pulpa crujiente, dulce y húmeda está compuesta principalmente por hidratos de carbono complejos ricos en nutrientes. Suelen venderse en los mercados alrededor del otoño y la Navidad, y se pueden asar y picar para añadirlas luego a aderezos, panes y tartas, o bien secarlas más y molerlas para elaborar harina. Elige frutos que sean brillantes, firmes y sin los agujeros que pueden indicar que hay gusanos. Al asarlas desprenden un aroma reconfortante en la cocina y le aportan un sabor suave pero inigualable a este pan.

Unas 20 castañas enteras

Para la levadura
15 g de iniciador con una
 hidratación del 100%
50 g de agua
50 g de harina de panadería

Para la masa
115 g de levadura
465 g de agua
480 g de harina de panadería
40 g de harina de castaña
105 g de harina de centeno
13 g de sal marina

Asa las castañas: precalienta el horno a 180 °C. Utiliza un cuchillo de pelar para hacer con cuidado una incisión en las cáscaras en forma de una equis grande de unos 3 mm de profundidad, evitando cortar la pulpa. Esto ayudará a que la cáscara se desprenda durante el asado, y resultará más fácil pelarla una vez que se enfríe. Colócalas en una bandeja para hornear con bordes y ásalas de 30 a 35 minutos, hasta que empiecen a desprenderse las cáscaras. Sácalas del horno y déjalas enfriar lo suficiente para poder tocarlas. Mientras están todavía calientes, utiliza un cuchillo para quitarles la cáscara y la piel y descartarlas. Corta la pulpa en trozos gruesos y apártalos.

Prepara la levadura: prepara la levadura de 8 a 10 horas antes de hacer la masa. Mezcla el iniciador y el agua para formar una pasta. Añade la harina y mezcla hasta conseguir una consistencia uniforme. Cubre y deja que fermente a temperatura ambiente.

Prepara la masa: cuando la levadura tenga burbujas y esté activa, añádele el agua y agita. Incorpora las harinas y mézclalas a mano hasta que estén hidratadas y no queden grumos. Cubre con un plástico y deja que autolice durante 20 minutos. Espolvorea la sal en la masa y mézclala a conciencia con las manos, asegurándote de que la sal se disuelve por completo. Agrega las castañas asadas. Cubre y deja que el volumen se incremente durante un periodo de 3 a 4 horas, volteándola y plegándola cada 30 o 45 minutos.

Dale forma a la masa: cuando la masa haya duplicado prácticamente su tamaño, colócala sobre una superficie ligeramente enharinada y divídela por la mitad. Cubre con plástico y deja que repose de 10 a 30 minutos. Dale la forma final que desees y colócala, con la unión hacia arriba, en *bannetons* enharinados o en un *couche*. Cubre con un paño y un plástico y refrigera de 8 a 12 horas.

Hornea siguiendo las instrucciones de las páginas 38-40.

Castanea mollissima
(Castaña china)

Cuando era niña, descubrí que los dos grandes árboles *Castanea mollissima* que cobijaban a mi familia del calor húmedo de Tennessee eran una amenaza para mi vida indolente. Me pasaba casi todo el día corriendo descalza de un lado a otro de nuestras tierras, excepto bajo las amplias copas de estos árboles, donde pisar sin cuidado significaba clavarse espinas y pasarse días con un talón infectado. Al llegar el otoño, perdonaba a este fruto excesivamente espinoso, comiéndolo directamente del árbol.

PAN DE REMOLACHA

PARA 2 HOGAZAS

Servido con un queso fuerte y mermelada de grosella o frotándolo con un poco de ajo antes de tostarlo, este excelente pan despertará con toda seguridad las miradas de asombro y deleite de tus invitados. El sabor terroso de la remolacha y su dulzor natural acallarán su curiosidad.

Mi método favorito de asar lentamente la remolacha es el siguiente: quitar las hojas y restregar las raíces hasta que queden limpias, dejando intactos la piel y los tallos, y cocerlas con agua en una olla de arcilla. Una vez enfriadas, se desprende la piel con un cuchillo y su carne estará hidratada y lista para elaborarla.

Para el puré de remolacha
600 g de remolacha fresca
   (unas 4 grandes)
440 g de agua

Para la levadura
30 g de iniciador con una
   hidratación del 100%
60 g de agua
60 g de harina de panadería

Para la masa
150 g de levadura
Puré de remolacha
550 g de harina de panadería
145 g de harina integral de trigo
35 g de harina media de centeno
15 g de sal marina

Asa la remolacha: precalienta el horno a 180 °C y coloca las remolachas enteras en una bandeja de hornear forrada o en una olla de arcilla tapada. Ásalas de 45 a 60 minutos o hasta que estén tiernas al pincharlas con el tenedor. Sácalas del horno y deja que se enfríen. Corta las raíces y elimina las pieles. Pon 290 g de las remolachalas en una batidora o en un procesador de alimentos con el agua y mézclalo hasta conseguir una mezcla uniforme.

Prepara la levadura: prepara la levadura de 8 a 10 horas antes de hacer la masa. En un bol grande, mezcla el iniciador y el agua para formar una pasta. Añade la harina y remueve hasta obtener una mezcla suave. Cúbrela y deja que fermente a temperatura ambiente.

Prepara la masa: vierte el puré en el bol con la levadura y remueve para combinar los ingredientes. Añade las harinas y mézclalas a mano hasta que estén completamente hidratadas y sin grumos. Cubre con un plástico y deja que autolice 20 minutos antes de añadir la sal. Espolvorea la sal en la masa y mézclala con las manos, asegurándote de que se incorpora bien. Cubre de nuevo con un plástico y deja que la masa fermente de 3 a 4 horas, estirándola y doblándola cada 30 minutos para que tome cuerpo.

Dale forma a la masa: coloca la masa en una superficie ligeramente enharinada y divídela por la mitad. Dale la preforma, cubre con un plástico y déjala reposar de 10 a 30 minutos. Dale la forma final y colócala, con la unión hacia arriba, en *bannetons* bien enharinados y recubiertos. Cubre con un paño y un plástico y retarda la fermentación de 8 a 12 horas en el frigorífico.

Hornea siguiendo las instrucciones de las páginas 38-40. El contenido natural de azúcares que hay en las remolachas hará que la corteza se tueste y adquiera un color oscuro. Asegúrate de rotar las hogazas mientras las horneas.

Beta vulgaris
(Remolacha común)

Beta vulgaris es un miembro de la familia *Chenopodium* que se da en la estación fría. Se trata de un vegetal fácil de cultivar que se beneficiará de una siembra temprana en la primavera o a finales de verano para la cosecha de otoño. Si tienes un terreno difícil, añádele algo de compost e incluso un poco de arena de río antes de sembrarla para asegurar que las gruesas raíces se llenen de azúcares y nutrientes y le den a este pan su sabor tan característico. Mi favorita para el jardín ornamental es la variedad 'Sangre de toro', que añade un contraste de hermosas hojas a la parte frontal del parterre.

PAN DE CALABACÍN Y CEREZAS

PARA 2 HOGAZAS

Este es uno de los panes que más me piden. Aunque esta receta es de calabacín, también se puede emplear cualquier tipo de calabaza. La pulpa seca de estas hortalizas tiene diversos sabores, pero yo prefiero el sabor delicado del calabacín con su dulzor que recuerda a los frutos secos. Elige ejemplares que sean pesados para su tamaño. Asar lentamente el calabacín concentra los azúcares naturales, que aumentan aún más con la miel y la fruta seca. Prefiero usar cerezas, pero también da buenos resultados utilizar arándanos, pasas doradas o grosellas como deliciosos sustitutos. El trigo sarraceno, con su fuerte sabor a miel, añadirá otra dimensión, pero otra variedad más suave realzará los sabores de la fruta y del calabacín. El resultado es una miga dorada y tierna decorada bellamente con colores que reflejan los cambios estacionales en la coloración de las hojas.

Para el puré de calabacín
500 g de calabacín

Para la levadura
30 g de iniciador con una hidratación del 100%
60 g de agua
85 g de harina de panadería

Para la masa
175 g de levadura
250 g de puré de calabacín
355 g de agua
45 g de miel suave
525 g de harina de panadería

140 g de harina de trigo integral
30 g de harina media de centeno
14 g de sal marina

Para la guarnición
40 g de cerezas secas

Prepara el puré de calabacín: precalienta el horno a 200 °C. Corta por la mitad el calabacín y extrae las semillas con una cuchara. Colócalo con la parte cortada hacia abajo sobre una bandeja de hornear engrasada. Ásalo de unos 45 minutos a una hora hasta que esté tierno al pincharlo con un tenedor. Deja que se enfríe y elimina la piel que esté dura o quemada. Coloca el resto de la pulpa y de la piel en un procesador de alimentos y bate hasta obtener una mezcla suave.

Prepara la levadura: prepara la levadura de 8 a 10 horas antes de hacer la masa. Mezcla el iniciador y el agua en un bol grande para formar una pasta. Añade la harina y bátela con una cuchara hasta obtener una mezcla uniforme. Cubre con un plástico y deja que fermente a temperatura ambiente.

Prepara la masa: cuando la levadura haya adquirido volumen y esté activa, añádele 240 g de puré frío, el agua y la miel. Deshaz la levadura con los dedos y a continuación añade las harinas y mezcla hasta que estén bien hidratadas y no queden grumos. Cubre con un plástico y deja que autolice durante unos 20 minutos. Espolvorea la sal en la masa y mézclala bien con las manos, asegurándote de que se disuelva por completo. Añade las cerezas. Cubre con un plástico y deja que el volumen se incremente de 3 a 4 horas, volteando la masa y plegándola cada 30 minutos.

Dale forma a la masa: cuando la masa esté hinchada y con casi el doble de tamaño, divídela por la mitad y dale la forma inicial. Cubre con un plástico y déjala reposar sobre la encimera de 10 a 30 minutos. Dale la forma final y colócala con la unión hacia arriba en un *banneton* o *couche* bien enharinado. Cubre con una toalla y luego un plástico y guarda en el frigorífico de 8 a 12 horas.

Hornea siguiendo las instrucciones de las páginas 38-40. El contenido natural de azúcares del calabacín ayudará a que la corteza se tueste y oscurezca rápidamente. Asegúrate de cambiar de posición las hogazas de manera apropiada durante el horneado y baja la temperatura del horno si es necesario.

PAN DE COSECHA CON SALSA DE MANTEQUILLA Y *BRANDY*

PARA UNA HOGAZA DE 12 x 24 CM

Este pan dulce es parecido al pan rápido, se conserva bien y al hornearlo inunda la casa con los aromas cálidos y tentadores de la Navidad. Está delicioso servido con queso tierno para equilibrar el dulzor terroso de la hogaza y su salsa pegajosa.

Esta receta consta de tres pasos y al principio requiere que prepares una compota de manzana y chirivía. La salsa puede hacerse hasta con dos semanas de antelación. Solo necesitas unos 130 g para la receta; el resto puedes agregarlo a un yogur y adornarlo con tus frutos secos y semillas preferidos para crear un aperitivo sencillo y gratificante.

NOTA: al preparar esta masa, usarás un impregnador (término que encontrarás a menudo en este libro), que contribuye a hidratar los ingredientes, ayudando a crear una mezcla más uniforme que puede utilizarse con mayor facilidad. En esta receta en particular, usar *brandy* en lugar de agua permite que la fruta desarrolle un sabor rico y profundo.

Para la compota de manzana y chirivía

200 g de manzanas (unas 2 manzanas pequeñas), picadas
250 g de chirivías (de 3 a 4 chirivías medianas), peladas y picadas
60 g de agua
45 g de jarabe de arce
1 cucharadita de cilantro molido
1 cucharadita de canela molida
1 cucharadita de ralladura de naranja
60 g de *brandy*

Para el impregnador

225 g de higos secos
60 g de grosellas secas
50 g de *brandy*

Para la masa

145 g de harina blanca de escanda
90 g de harina integral de escanda
¼ de cucharadita de bicarbonato
½ cucharadita de levadura en polvo
1 cucharadita de canela molida
1 cucharadita de jengibre molido
¼ de cucharadita de clavo molido
½ cucharadita de sal marina
2 huevos grandes, batidos
80 g de azúcar mascabado (o crudo)
45 g de aceite de oliva virgen extra
90 g de jarabe de arce
130 g de compota de manzana y chirivía
115 g de iniciador con una hidratación del 100%
Impregnador

Para la salsa

60 g de mantequilla sin sal
60 g de azúcar glas
15 g de zumo de naranja fresco
25 g de *brandy*
1 cucharadita de ralladura de naranja

Prepara la compota de manzana y chirivía: combina todos los ingredientes excepto el *brandy* en una olla mediana, removiendo para mezclarlo todo. Cuece a fuego medio-bajo hasta que las manzanas y las chirivías estén tiernas (de 10 a 12 minutos), removiendo a menudo. Una vez que se haya evaporado el líquido, baja el fuego y añade el *brandy*. Cocina durante 2 o 3 minutos más hasta que las chirivías estén tiernas al pincharlas con el tenedor. Vierte la mezcla caliente en un procesador de alimentos y bátela hasta lograr una salsa uniforme, rebañando los laterales si es necesario. Deja enfriar, luego pásala a un recipiente hermético y almacénala si lo deseas en el frigorífico durante un máximo de 2 semanas.

Prepara el impregnador: al menos 2 o 3 horas antes de mezclar la masa (o la noche anterior), saca los tallos de los higos y pica finamente la fruta. Mezcla los higos con las grosellas y el *brandy* en un pequeño bol. Cúbrelo y deja que repose, removiéndolo ocasionalmente.

Prepara la masa: Precalienta el horno a 200 ºC y engrasa un molde para pan. En un bol mediano, mezcla las harinas, el bicarbonato, la levadura, las especias y la sal. Apártalo. En otro bol, mezcla los huevos y el azúcar y bátelos hasta obtener una masa espesa. Añade el aceite, el jarabe de arce y 130 g de compota de manzana y chirivía y bátelo hasta que haga espuma. Incorpora el iniciador y agita con un tenedor hasta que todo quede mezclado. Agrega el impregnador y dale unas cuantas vueltas más con un cucharón de madera. Añade los ingredientes secos y mézclalos bien. Llena el molde con la masa y hornea de 30 a 35 minutos, hasta que al insertar un palillo de dientes en el centro, este salga limpio.

Prepara la salsa: mientras la hogaza se está horneando, prepara la salsa. Combina todos los ingredientes en una cacerola y cuece a fuego lento. Remueve hasta que la mantequilla esté derretida y la ralladura de naranja desprenda su aroma característico, de 3 a 5 minutos.

Coloca en un plato la hogaza para que se enfríe y agujeréala con un palillo de dientes en la parte superior y en los laterales. Esparce la salsa en varias tandas sobre la hogaza, permitiendo que el pan la absorba antes de añadir más. Dale la vuelta para cubrir también los lados, aprovechando toda la salsa que haya caído en el plato. Continúa hasta que la hayas gastado por completo. Esta hogaza se conservará durante varios días si la almacenas en un recipiente hermético.

PAN DE BATATA

Ipomoea batatas es una especie de la familia de las *Convolvulaceae* cuya raíz tuberosa amilácea y comestible se conoce normalmente como batata. Esta atractiva planta es muy parecida al resto de sus vistosas parientes, con hojas en forma de corazón que actúan como un hermoso fondo para las flores blancas, rosa pálido o de color lavanda semejantes a pequeños embudos. Existe mucha confusión acerca de las batatas y su relación con otros tubérculos comestibles; en realidad, estos alimentos básicos de la despensa otoñal e invernal de textura mantecosa no están relacionados desde el punto de vista botánico con los ñames (la familia *Dioscoreacea*) o las patatas comunes (la familia *Solanaceae*).

Para el puré de batata
370 g de batata (1 batata grande)

50 g de agua
50 g harina de panadería

10 g de melaza
450 g de harina de panadería
120 g de harina integral de trigo

Para la levadura
50 g de iniciador con una
  hidratación del 100%

Para la masa
150 g de levadura
340 g de agua
180 g de puré de batata

30 g de harina de centeno
12 g de sal marina

Prepara el puré de batata: precalienta el horno a 220 °C. Lava y restriega las batatas. Colócalas en una bandeja de horno revestida. Hornea de 45 a 60 minutos, hasta que estén blandas al pincharlas con un tenedor. Deja que se enfríen hasta que puedas tocarlas sin quemarte y pelarlas. Pon 180 g de batatas en un procesador de alimentos o en una licuadora y hazlo puré. Déjalo enfriar hasta que puedas mezclar la masa.

Prepara la levadura: de 8 a 10 horas antes de hacer la masa, prepara la levadura. Mezcla el iniciador y el agua en un gran bol para formar una pasta. Añade la harina y mezcla con una cuchara hasta que quede uniforme. Cubre y deja que fermente a temperatura ambiente.

Prepara la masa: cuando la levadura tenga burbujas y esté activa, añádele el agua, 180 g de puré de batata y la melaza. Incorpora las harinas y mézclalas a mano hasta que estén completamente hidratadas y no queden grumos.

Cubre y deja que autolice durante 20 minutos. Espolvorea la sal en la masa y mézclala hasta que esté completamente disuelta. Cubre con un plástico y deja que aumente el volumen de 3 a 4 horas, volteándola y plegándola cada 30 minutos.

Dale forma a la masa: cuando, al tocarla, sientas que la masa está hinchada, divídela en dos partes y dale la preforma. Cubre con un plástico y deja que repose de 10 a 30 minutos antes de la forma final. Coloca las hogazas formadas con la unión hacia arriba en *bannetons* enharinados o en un *couche*. Cubre con una toalla y luego un plástico antes de meterlas en el frigorífico de 8 a 12 horas.

Hornea siguiendo las instrucciones de las páginas 38-40. El contenido natural de azúcar de las batatas hace que la corteza se dore y se oscurezca rápidamente. Asegúrate de rotar las hogazas adecuadamente durante el horneado.

Ipomoea batatas
(Batata)

Esta especie singular tiene una diversidad sorprendente de hojas y colores. He cultivado distintas variedades de *Ipomoea batatas*, todas procedentes de climas tropicales o semitropicales, tanto ornamentales como comestibles. Las variedades más vistosas que han sido desarrolladas por su brillante *chartreuse** o por sus hojas de color vino tinto oscuro producen tubérculos sorprendentemente finos y rosados que una vez cocidos adquieren una textura seca y almidonosa. Estas variedades exóticas picantes no son como las que usamos en esta receta pero quedan deliciosas en la cocina caribeña, donde su personalidad particular da lugar a unos platos exquisitos. Las batatas más a nuestro alcance son las variedades húmedas y más blandas que encajan mejor aquí. Una vez asadas y hechas puré, su sabor se vuelve concentrado.

---

* N. del T.: *chartreuse* (del francés *chartreuse*, 'cartuja') es un color que puede variar del verde amarillento al amarillo grisáceo.

PAN DE LA AMISTAD

PARA 2 HOGAZAS

Muchos clientes compran mi pan porque tienen necesidades dietéticas especiales debidas a trastornos digestivos o intolerancias. Uno de ellos, que con el tiempo ha llegado a ser un querido amigo, me pidió específicamente un pan sin frutos secos ni semillas con fermentación retardada y cereales integrales sencillos. Esto fue para mí una especie de desafío, ya que los cereales integrales suelen acelerar el proceso de fermentación al proporcionar copiosas cantidades de almidón, el alimento favorito de la microflora de la masa madre. Con una ligera adición de trigo sarraceno, encontré la textura y el sabor deseados sin sacrificar la capacidad de retardar la masa hasta 36 horas en un frigorífico.

Se trata de una masa muy húmeda, y cuesta un poco acostumbrarse a manejarla. Recuerda que el raspador es tu mejor amigo y trata de resistir el deseo de añadirle una cantidad excesiva de harina al darle la forma final. Cuando se elabora con un horno holandés, es hermoso contemplar su subida y la caramelización de la corteza.

Para la levadura

25 g de iniciador con una hidratación del 100%

70 g de agua

70 g de harina de panadería

Para la masa

165 g de levadura

640 g de agua

615 g de harina de panadería

80 g de harina de centeno medio

80 g de harina de trigo integral

25 g de harina de trigo sarraceno

16 g de sal marina

Prepara la levadura: de 8 a 10 horas antes de hacer la masa, prepara la levadura. En un bol grande, mezcla el iniciador y el agua para formar una pasta. Añade la harina y bátela hasta lograr una mezcla uniforme. Cubre con un plástico y deja que fermente a temperatura ambiente.

Prepara la masa: cuando la levadura tenga burbujas y esté activa, añade el agua y remuévela para mezclarla bien. Incorpora las harinas y mézclalas con las manos hasta que estén completamente hidratadas y no queden grumos. Cubre con un plástico y deja que autolice de 20 minutos a 1 hora. Espolvorea la sal sobre la masa y mezcla hasta que se disuelva por completo. Cubre y deja que aumente de volumen de 3 a 4 horas, volteándola y plegándola cada 30 minutos.

Dale forma a la masa: cuando la masa haya duplicado prácticamente su tamaño, divídela por la mitad y dale la preforma. Cubre con un plástico y deja que repose de 10 a 30 minutos antes de darle la forma final. Tras darle la forma que prefieras, colócala con la unión hacia arriba en *bannetons* bien enharinados cubiertos de lino. Retarda en el frigorífico hasta 36 horas antes de hornear.

Hornea siguiendo las instrucciones de las páginas 38-40.

PAN DE ARROZ SALVAJE, HIERBAS Y ALMENDRAS

PARA 2 HOGAZAS

La *Zizania*, o arroz salvaje, es un género de la familia de las gramíneas que crece en las aguas de escaso movimiento, como los lagos. En Norteamérica existen tres especies autóctonas de arroz salvaje, una de las cuales se encuentra en peligro de extinción en Texas. La especie más común cultivada por su valor nutricional y sabor es la *Zizania palustris*, que los indios americanos cosechaban usando herramientas especializadas para la trilla que, con un ligero golpe, depositaban el grano directamente en sus canoas. Desde entonces se ha convertido en un alimento popular que hoy en día se cultiva comercialmente, sobre todo en Estados Unidos y en Canadá.

Quizá te sorprenda descubrir que, aunque pertenecen a la misma familia, el arroz salvaje no está relacionado directamente con el arroz asiático, *Oryza*. El *Oryza* asiático tiene varias especies y colores, entre ellas el arroz rojo, nutritivo y con sabor a frutos secos, que puede usarse añadiéndolo al arroz salvaje de esta receta para aportarle a la miga su estupendo color y sabor. Si tienes unas cuantas hierbas frescas en el jardín, añádelas al ligero sabor a frutos secos de las almendras para crear un delicioso y nutritivo manjar.

Para la levadura
30 g de iniciador con una
  hidratación del 100%
30 g de agua
30 g de harina de panadería

Para la masa
90 g de levadura
320 g de agua
320 g de harina de panadería
85 g de harina de trigo integral
20 g de harina de centeno
9 g de sal marina

1 ½ cucharadas de hierbas frescas
  picadas, además de unas
  cuantas hojas para adornar

Guarnición
85 g de arroz salvaje o rojo
  cocidos, o ambos
45 g de almendras laminadas,
  tostadas

Prepara la levadura: de 8 a 10 horas antes de hacer la masa, prepara la levadura. En un bol grande, mezcla el iniciador y el agua. Añade la harina y mezcla con una cuchara hasta obtener una mezcla uniforme. Cubre con un plástico y deja fermentar a temperatura ambiente.

Prepara la masa: cuando la levadura tenga burbujas y esté activa, añádele el agua y remueve para combinarla. Incorpora las harinas y mézclalas hasta que no queden grumos. Cubre y deja que autolice durante 20 minutos. Espolvorea la sal sobre la masa y mézclala con las manos. Agrega el arroz cocido, las almendras y las hierbas y distribúyelo todo uniformemente por la masa. Deja que el volumen de la masa aumente durante 3 o 4 horas, volteándola y plegándola cada 30 o 45 minutos.

Dale forma a la masa: coloca la masa sobre una superficie ligeramente enharinada y divídela por la mitad. Dale la forma inicial, cubre con un plástico y deja que repose de 10 a 30 minutos. Coloca las hojas enteras de las hierbas lavadas y secas en el centro del *banneton* revestido y enharinado. Dale la forma final y coloca las hogazas en los *bannetons*, con las uniones hacia abajo. Cubre con un paño y un plástico y retarda durante toda la noche en el frigorífico.

Hornea siguiendo las instrucciones de las páginas 38-40.

PAN DE MAÍZ Y BEICON CONFITADO

PARA 6 PANECILLOS

El espíritu de esta receta evoca a la madre de mi padre, la abuela Owens, que inspira la mayor parte de mi estilo de cocina sureño. Ella solía preparar en la sartén pan de maíz con chicharrones, también conocidos como cortezas de cerdo. Estaba muy sabroso servido con habas con jamón y verduras salteadas. Hoy en día no es fácil encontrar chicharrones, por eso uso beicon, pero primero lo caramelizo. Si te resulta muy dulce, la acidez de los jalapeños encurtidos atempera el dulzor.

Coloca unas pocas rebanadas de pan de maíz en el horno antes de servir, o sirve con una guarnición de ruibarbo o col rizada salteados. El maíz azul tiene un maravilloso sabor a frutos secos que es excelente para esta receta, pero también es delicioso el maíz amarillo con un molido mediano. La clave para conseguir una buena costra crujiente es emplear un molde para panecillos o una sartén que ya estén calientes. Si quieres hacer esta receta en una sartén de 23 cm, solo tienes que duplicar la cantidad de los ingredientes.

3 lonchas de beicon sin cocinar
45 g de jarabe de arce
15 g de azúcar moreno
120 g de harina de maíz
½ cucharadita de sal marina
½ cucharadita de levadura
¼ de cucharadita de bicarbonato

15 g de mantequilla sin sal, derretida, o de grasa de beicon
80 g de leche entera
1 huevo grande, batido
75 g de iniciador con una hidratación de 100%

20 g de jalapeños encurtidos, escurridos y picados (opcional)
1 ramita de romero o salvia (opcional)

Precalienta el horno a 220 °C y engrasa abundantemente un molde de panecillos o una sartén de hierro fundido. Coloca el recipiente en el horno para que vaya calentándose. Pon el beicon en otra sartén y cocina a fuego lento hasta que la grasa empiece a derretirse. Añade 30 g de jarabe de arce y el azúcar moreno y sigue cocinando hasta que se caramelice y se vuelva ligeramente crujiente. Escurre en un plato cubierto de papel absorbente y aparta.

En un bol mediano, mezcla la harina de maíz, la sal, la levadura y el bicarbonato. En otro bol grande, vierte la mantequilla derretida (o la grasa de beicon), los 15 g restantes de jarabe de arce y el huevo. Agita hasta mezclar todo bien y luego añade el iniciador. Mezcla con un tenedor hasta que el iniciador esté completamente homogeneizado en los líquidos. Incorpora los ingredientes secos a la masa húmeda poco a poco, removiendo para que se integren bien. Corta el beicon en trocitos de 0,6 cm y agrégalos a la mezcla, junto a los jalapeños encurtidos (en caso de que los uses).

Vierte cuidadosamente la mezcla en el recipiente precalentado y presiona la ramita de romero o salvia contra la superficie, si la usas. Hornea de 10 a 12 minutos (o de 20 a 22 minutos si utilizas una sartén de 23 cm), hasta que la superficie adquiera un color marrón dorado y el pan se haya separado del recipiente.

PAN DE ARÁNDANOS Y SÉMOLA DE AMAPOLA

PARA 2 HOGAZAS

Como autodidacta en este oficio, me he inspirado mucho en los grandes panaderos que han publicado libros de instrucciones en los últimos treinta años. Cada una de esas fuentes ha ejercido una influencia en mi propio enfoque, aunque algunas más que otras. Jeffrey Hamelman, con su lenguaje directo y sus técnicas magistrales, me ha influido especialmente. Siempre he admirado su uso de diferentes levaduras con sabores únicos y diversas hidrataciones para extraer determinados sabores y texturas de la harina. Esta receta es una adaptación de su pan de sémola que he reformulado añadiéndole harina de trigo integral, arándanos y semillas de amapola. El resultado tiene una textura vibrante y una miga dorada, con sabor a mermelada y ligeramente más esponjosa.

Para la levadura

30 g de iniciador con una
   hidratación del 100%
55 g de agua
45 g de harina de panadería

Para la masa

130 g de levadura
435 g de agua
320 g de harina de sémola gruesa
235 g de harina de panadería

70 g de harina de trigo integral
13 g de sal marina
1 ½ cucharadas de semillas
   de amapola
195 g de arándanos secos

Prepara la levadura: prepara la levadura de 8 a 10 horas antes de hacer la masa. En un bol grande, mezcla el iniciador y el agua hasta formar una pasta. Añade la harina y mezcla hasta que esté uniforme. Cubre y deja que fermente a temperatura ambiente.

Prepara la masa: cuando la levadura tenga burbujas y esté activa, añade el agua y agítala para mezclarla. Incorpora las harinas y mézclalas a mano hasta que estén completamente hidratadas y no queden grumos. Cubre con un plástico y deja que autolice durante 20 minutos antes de añadir la sal. Espolvorea la sal sobre la masa y mezcla bien a mano, asegurándote de que se disuelva completamente. Agrega las semillas de amapola y los arándanos y deja que se incremente su volumen de 3 a 4 horas, volteándola y plegándola a intervalos de 30 minutos.

Dale forma a la masa: cuando la masa tenga casi el doble de volumen, colócala en una superficie bien enharinada. Divídela por la mitad y dale la forma inicial. Cubre con un plástico y deja que repose de 10 a 30 minutos. Dale la forma final según tus preferencias y coloca en *bannetons* bien enharinados o en un *couche*. Cubre con un paño y un plástico y refrigera de 8 a 12 horas.

Hornea siguiendo las instrucciones de las páginas 38-40.

FOCACCIA ESPECIADA CON GRANADA Y ZAATAR

PARA DOS TORTAS DE 21,5 x 25 CM

Siempre me ha gustado lo exótico, y esto se refleja en los ingredientes de esta receta. Al terminar la universidad, como era aficionada a la cocina, trabajé en un restaurante iraní. Mi profesión era la de artista de estudio, pero ansiaba el contacto con la gente que ofrecían los restaurantes y deseaba aprender el lenguaje de esta antigua cocina. El menú incluía preparaciones persas tradicionales, pero también introducía otros ingredientes de Oriente Medio como la melaza de granada, el agua de rosas y la mezcla de especias *zaatar*.

El chef era un iraní inteligente y muy divertido a cuya familia ayudé a mudarse incontables veces para evitar problemas con sus visados expirados y, por consiguiente, con el Departamento de Inmigración. En agradecimiento por el uso de mi camión y por echarles una mano, me invitaban a sentarme en una gran mesa redonda junto a tres generaciones de su familia para disfrutar de los aperitivos tradicionales y de la conversación. Yo participaba observándolo todo respetuosamente y fue así como aprendí a tomar el té y los dulces de agua de rosas. Conocí las tradiciones informales de una cultura con la que apenas estaba familiarizada y aprendí a respetar sus rituales.

La melaza de granada y el *zaatar* son recuerdos de mi época en esa cocina. Puedes encontrar estos versátiles ingredientes en cualquier tienda de productos de Oriente Medio o por Internet. Sus vivos sabores alegrarán los lluviosos días de otoño.

Para la levadura
60 g de iniciador con una
   hidratación del 100%
60 g de agua
60 g de harina de panadería

Para la masa
180 g de levadura
485 g de agua
20 g de aceite de oliva virgen extra
300 g de harina de panadería
300 g de harina Antimo
   Caputo «00»
40 g de harina integral de espelta
14 g de sal marina

Para el aderezo
365 g de cebollas (3-4 cebollas
   pequeñas), picadas
170 g de aceite de oliva
   virgen extra
1½ cucharaditas de sal
60-80 g de melaza de granada
3 cucharadas de la mezcla
   de especias *zaatar*
Arilos (semillas) de ½ granada
   fresca grande
2-3 cucharadas de hierbas frescas
   picadas, como perejil o menta

Prepara la levadura: de 8 a 10 horas antes de hacer la masa, prepara la levadura. Mezcla el iniciador y el agua para formar una pasta. Añade la harina y mezcla hasta que quede una masa uniforme. Cubre y deja que fermente a temperatura ambiente.

Prepara la masa: cuando la levadura tenga burbujas y esté activa, añádele el agua y mezcla. Agrega las harinas y mezcla a mano hasta que estén hidratadas y no quede ningún grumo. Cubre con un plástico y deja que autolice durante 20 minutos. Espolvorea la sal sobre la masa y mezcla bien con las manos, asegurándote de que esté totalmente disuelta. Cubre y deja que el volumen se incremente durante 2 horas, volteándola y plegándola cada 30 o 45 minutos. Cubre con un paño y luego un plástico y refrigera de 8 a 12 horas.

Prepara las cebollas: coloca las cebollas y el aceite en una sartén plana. Cocina a fuego medio-bajo, removiendo de vez en cuando, hasta que las cebollas empiecen a dorarse por los bordes, unos 20 minutos. Apaga el fuego y refrigera hasta que estén listas para usar.

Forma la *focaccia*: saca la masa del frigorífico y colócala sobre una superficie bien enharinada. Forma un rectángulo grande mediante golpecitos suaves, teniendo cuidado de no desinflar la masa. Corta por la mitad usando una espátula y pásala a una bandeja para hornear forrada de papel. Con la punta de los dedos, haz hendiduras en la masa que actuarán como «pozos» para el aceite. Esparce la cebolla y el aceite sobre las dos *focaccias*, cúbrelas de melaza de granada y espolvorea las especias *zaatar* por encima. La cantidad de aceite parecerá excesiva, pero la masa absorberá la mayor parte mientras se hornea. Cubre sin apretar con un plástico y deja que suba por última vez a temperatura ambiente de 1 a 1½ horas hasta que esté hinchada y expandida. Precalienta el horno a 230 ºC durante este tiempo.

Cuando las *focaccias* estén totalmente levantadas, colócalas en el horno precalentado. Hornea durante 10 minutos y luego baja la temperatura a 220 ºC. Rota y hornea de 10 a 12 minutos hasta que los bordes estén dorados y crujientes. Saca del recipiente y enfría en una rejilla. Adorna con la granada fresca y las hierbas picadas. Sirve caliente o a temperatura ambiente.

PIZZA CON SETAS SILVESTRES

PARA 1 *PIZZA* DE 25 CM

Hace mucho tiempo, me enamoré de un hombre que vivía en Milán. Ese mes de octubre crucé el Atlántico en uno de los viajes más memorables de mi vida. Tuve la suerte de que me enseñara lo mejor del norte de Italia durante el punto álgido de la época de las trufas; fue una aventura exquisita, en la que aprendí a amar muchas especialidades regionales mientras me dedicaba a otras actividades italianas. Conduje coches deportivos por las carreteras ventosas de la Riviera, hice el amor en las laderas empinadas de una viña del Piamonte y disfruté de festines dignos de una condesa. Por eso regresé a Brooklyn con un profundo agradecimiento por los placeres de la *dolce vita*.

Esta receta presenta sabores fuertes y le da un lugar destacado a su ingrediente principal: la seta silvestre. Recoge cuidadosamente las que estén disponibles, usando los conocimientos de los libros o una visita guiada, si es la primera vez que practicas esta actividad. Si prefieres comprarlas en el mercado, selecciona diferentes sabores y texturas.

Por suerte el queso robiola piemonte se puede conseguir fácilmente en un comercio especializado. Este es un nombre bastante genérico para un queso que se elabora con leche de vaca u oveja y que se vende más o menos curado. Para esta receta, es mejor uno muy curado pero que siga estando firme. Su sabor fuerte combina perfectamente con el de ingredientes terrosos como las setas silvestres.

Por último, la harina de farro (ver notas sobre el farro en la página 159) es lo que verdaderamente le da a esta *pizza* su carácter italiano. Forma una base que se presta a una textura deliciosamente crujiente al estirarla para hacerla más fina.

Para la masa

30 g de iniciador con una hidratación del 100%, refrescado (alimentado)

135 g de agua

½ cucharada de aceite de oliva virgen extra

120 g de harina Antimo Caputo «00»

60 g de harina gruesa de farro

Una pizca generosa de sal marina

Para la guarnición

30 g de aceite de oliva virgen extra

2 puñados generosos de setas silvestres

200 g de queso *ricotta* (opcional)

4-5 lonchas de jamón (opcional)

5-6 coles de Bruselas medianas, en rodajas finas

125-150 g de queso robiola

1 cucharada de romero o estragón fresco picado

Harina de maíz

Prepara la masa: mezcla el iniciador, el agua, y el aceite en un pequeño bol 6 horas antes de hornear la *pizza*. Añade las harinas y la sal y mezcla hasta que la harina esté completamente hidratada y se forme una masa tierna. Saca la masa del recipiente, límpialo, cúbrelo ligeramente de aceite, vuelve a poner en él la masa y restriégala para que se empape. A continuación cubre con un plástico y déjala a temperatura ambiente hasta que su volumen aumente aproximadamente el doble.

Prepara la *pizza*: precalienta el horno a 290 °C (¡o todo lo caliente que puedas!) y prepara la base de la *pizza*. Saca la masa y extiéndela, dándole golpecitos, sobre una superficie bien

enharinada. Presiona desde el centro hacia fuera con las yemas de los dedos enharinadas, sin llegar a tocar los bordes para que estos queden inflados y sin huellas. Parecerá suelta, al contrario que la masa más convencional de *pizza*. Cuando tenga alrededor de la mitad del tamaño que deseas, espolvorea harina de maíz abundantemente en un papel de hornear y transfiere ahí la masa. Sigue trabajándola sobre el papel hasta que estés satisfecho con su grosor.

Mezcla el aceite con las setas. Extiende el queso *ricotta* en una capa fina y uniforme sobre la masa y coloca el jamón sobre ella. Saca las setas del aceite y colócalas por encima. Mezcla las rodajas de coles de Bruselas en el aceite restante y espárcelas sobre las setas. Cubre con el queso robiola y el romero picado.

Si decides saltarte el paso del papel de hornear y preparar la *pizza* directamente sobre la pala, agítala para asegurarte de que no se pegue antes de intentar meterla en el horno. Hornea de 12 a 14 minutos, hasta que el queso tenga burbujas y la base de la *pizza* esté dorada. Si deseas un sabor más carbonizado, quita el papel de hornear y deja que termine de prepararse en la parrilla durante al menos 2 o 3 minutos más.

LATKAS DE SALSIFÍ

Descubrí el salsifí en un momento desesperado en el mercado agrícola. Humildes, ocupando discretamente una esquina de mi puesto favorito, estas raíces sucias y finas tenían una apariencia poco tentadora. La verdad es que no había mucho que elegir a esas alturas de diciembre, aparte de lo de siempre: las manidas patatas, calabacines de invierno, ajo y cebollas. De manera que me arriesgué. El resultado fue que aprendí que ver más allá de las (engañosas) apariencias tenía sus recompensas.

Esta receta se ha convertido en uno de mis aperitivos salados favoritos de otoño e invierno. También puede servirse como un plato vegetariano sustancioso acompañado de aguacate y con una salsa suave que no anule los sabores sutiles de la *latka*.

- 100 g de iniciador con una hidratación del 100%
- 2 huevos grandes
- 160 g de raíz de salsifí, pelada y rallada
- 50 g de puerros cortados muy finos
- 2 dientes de ajo, finamente picados
- 4 cucharadas de hierbas frescas de tu elección, como cebollinos, albahaca o menta
- ½ cucharadita de sal
- ¼ de cucharadita de guindilla en láminas
- 110 g de migas finas de pan
- 30 g de aceite de oliva virgen extra

Precalienta el horno a 190 °C. En un bol mediano, bate el iniciador y los huevos con un tenedor hasta que estén bien mezclados. Añade el resto de los ingredientes, excepto el aceite de oliva y mézclalos bien. Calienta el aceite en una sartén plana a fuego medio-alto y, trabajando por tandas, ve vertiendo generosas porciones de la mezcla en la sartén, usando una cuchara o espátula para extenderlas en forma circular. Sella las tortitas de *latkas* y cocínalas durante 3 o 4 minutos por cada lado, hasta que se doren. Pásalas a una bandeja recubierta y termina de hacerlas en el horno durante unos 15 minutos. Sirve caliente.

Tragopogon (Salsifí)

El *Tragopogon* es un género que pertenece a la familia
del diente de león y se cultiva por sus hojas tiernas, sus
flores atractivas y sus raíces
largas y finas. Cuando se pela
y se corta en rodajas la raíz,
aparece una sabia blanca le-
chosa. Hay varias especies comestibles que entran en este
género, y todas son deliciosas,
con una raíz que según algunos tiene un sabor que recuerda al de las ostras, aunque la
comparación me parece un
poco exagerada.

Palitos de verduras

Este plato está inspirado en una receta de Martha Stewart, a quien tuve la oportunidad de conocer hace algunos años cuando hice una aparición en el programa *Mother's Day*. Siempre me ha impresionado con sus extensos conocimientos de jardinería y admiro igualmente su destreza en la cocina. En mis estanterías hay muchos de sus libros y revistas de cocina, y son un material de consulta excelente para encontrar técnicas e ideas interesantes. Estos palitos son un espectáculo para la vista, perfectos para picar, y como aperitivo puedes untarlos con *hummus* o envolverlos con una loncha de embutido. Si no tienes un extractor de jugos en casa, compra los zumos de verduras frescos en una tienda de alimentos naturales.

Para la masa
280 g de harina de panadería
Una pizca generosa de sal
45 g de grasa de pato, manteca
   de cerdo o aceite de coco
Ingredientes de una de las
   variaciones que vienen
   a continuación
55 g de iniciador con una
   hidratación del 100%

Para la variación con semillas
140 g de agua
2 cucharadita de semillas
   de *nigella* (página 200),
   de sésamo o de lino

Para la variación con zanahoria
140 g de zumo fresco
   de zanahoria
½ cucharadita de cúrcuma molida

Para la variación con perejil
140 g de zumo fresco de perejil,
   colado

Para la variación con remolacha
140 g de zumo fresco
   de remolacha

En un bol grande o en un procesador de alimentos, mezcla la harina y la sal. Añade la grasa y bate hasta obtener una mezcla semejante a arena gruesa, como si fuesen migas. Agrega los ingredientes de alguna de las variaciones (semillas, zanahoria, perejil o remolacha) y el iniciador y mezcla hasta que se forme una masa sin grumos. Colócala sobre una superficie ligeramente enharinada y amasa hasta lograr un color uniforme. Cubre con un plástico y deja reposar la masa para que su volumen se incremente a temperatura ambiente durante unas 3 horas.

Dale a la masa la forma de un pequeño rectángulo y extiéndela hasta que tenga un grosor de algo más de 0,5 cm. Córtala a lo largo en tiras de poco más de 0,5 cm de ancho. Haz rodar las tiras suavemente hasta que tengan unos 40 cm de largo. Colócalas en una bandeja para hornear de manera que los palitos estén cerca unos de otros pero sin rozarse. Hornea de 14 a 18 minutos, hasta que estén firmes. Ponlos sobre una rejilla para que se enfríen. Pueden conservarse bien en un recipiente hermético durante varios días.

Galletitas saladas de queso azul y nueces

De 20 a 25 galletitas

La masa de estas galletitas se parece a la de las galletas de mantequilla porque tiene un contenido muy elevado de este ingrediente. Al cortarlas finas y hornearlas hasta que estén doradas, obtienen una textura crujiente que se presta a cubrirlas con una gran variedad de aderezos. Entre mis favoritos están las alcaparras, las ciruelas encurtidas y la compota de manzana con miel.

85 g de mantequilla sin sal, reblandecida
100 g de queso azul semitierno

60 g de iniciador con una hidratación del 100%
60 g de harina de trigo integral para repostería

½ cucharadita de sal
60 g de nueces
1 yema de huevo
Una pizca de nata

Coloca la mantequilla y el queso azul en el bol de un procesador de alimentos y mezcla hasta que quede una masa uniforme. Añade el iniciador y mezcla hasta que esté ligeramente mezclado. Incorpora la harina y la sal y vuelve a mezclar hasta que la masa empiece a volverse compacta. Sácala, colócala sobre una superficie bien enharinada y amásala suavemente unas cuantas veces, hasta que adquiera consistencia. Enróllala formando un tronco de aproximadamente 5 cm de diámetro, envuélvelo en un plástico y refrigera durante al menos 1 hora o hasta que esté muy firme. Otra alternativa es mantener la masa envuelta y refrigerada hasta 2 días.

Precalienta el horno a 220 °C y parte las nueces en trozos pequeños. Saca el tronco del frigorífico y deja que se ablande ligeramente, unos 5 minutos. En un bol pequeño, bate la yema de huevo y la nata y unta con esta mezcla el tronco; luego enróllalo sobre las nueces partidas, presionando ligeramente. Corta el tronco en rodajas tan finas como puedas con un cuchillo afilado para que sea lo más crujiente posible. Si prefieres que las galletitas tengan un centro más blando y masticable, puedes cortar la masa un poco más gruesa (en este caso necesitarás hornearla durante unos cuantos minutos más).

Hornea de 10 a 13 minutos, hasta que los bordes adquieran un color marrón dorado y estén crujientes. Saca del horno y enfría en una rejilla.

EMPANADAS DE POLLO, PATATAS MORADAS Y ACEITUNAS

PARA 10 EMPANADAS PEQUEÑAS

Existe la creencia errónea de que es difícil trabajar con la masa de hojaldre. Es verdad que esta masa es sensible a las fluctuaciones de temperatura, y a menos que disfrutes del tacto sensualmente resbaloso de una encimera untada de mantequilla, no te recomiendo que te tortures con esta receta en un día muy caluroso. Cuando la cocina esté fresca y el horno en reposo, prepara los ingredientes y pon una música agradable. Enciende una vela, canta, ¡haz todo lo que sea preciso para librarte de la ansiedad que pueda provocarte el hecho de trabajar la masa de hojaldre!

He hecho esta receta a prueba de fallos en la medida de lo posible; debería lograrse un buen volumen con el mínimo esfuerzo. Se elabora con harina de panadería, pero también he sustituido la mitad por harina integral de cereales como la espelta o el trigo, con magníficos resultados y un sabor todavía mejor. Tanto la manteca como la mantequilla se usan para conseguir una textura laminada en el hojaldre, pero si no comes cerdo, puedes utilizar solo mantequilla. La clave consiste en dejar que la masa repose a intervalos periódicos. Tras hacer esto unas cuantas veces, sabrás cuándo la masa de hojaldre te está diciendo que es suficiente, y te aliviará que sea tan fácil prepararla.

Para la masa de hojaldre rústica
195 g de harina de panadería
1 cucharadita de sal marina
115 g de mantequilla fría sin sal, rallada
115 g de manteca de cerdo congelada, rallada
100 g de iniciador con una hidratación del 100%
30 g de vodka, helado
60-70 g de agua, helada

Para el relleno
2 cucharaditas de aceite de oliva
40 g de cebolla, picada
¾ de cucharadita de comino en polvo
1 diente de ajo, picado finamente
½ cucharadita de sal
95 g de patatas moradas (unas 3 patatas pequeñas), cortadas en trozos de poco más de 0,5 cm
65 g de caldo de pollo
85 g de pollo cocido, desmenuzado y cortado
45 g de pimiento rojo, cortado
20 g de aceitunas verdes deshuesadas
20 g de pasas doradas
1 cucharada de cilantro fresco picado

Para el barniz
1 yema de huevo grande
Una pizca de nata espesa

Prepara la masa de hojaldre rústica: mezcla la harina y la sal en un bol mediano. Agrega la mantequilla y la manteca de cerdo ralladas. Añade el iniciador y mezcla suavemente hasta que se forme una masa rústica. Colócala sobre una superficie enharinada y rocíala con vodka. Incorpora el agua cucharada a cucharada, usando un raspador de pasta para lograr que la masa esté más cohesionada y firme. No la embadurnes de mantequilla; se trata de conseguir un veteado. Aplánala, dale forma de rectángulo y luego cúbrela con un plástico. Déjala reposar en el frigorífico durante un mínimo de 30 minutos y un máximo de 12 horas.

Saca la masa del plástico y colócala sobre una superficie ligeramente enharinada. Con un rodillo de amasar, extiende el rectángulo en una dirección a unas tres veces su longitud, usando más harina si es necesario. Pliégalo como un sobre, primero un tercio de la parte superior hacia abajo y luego el tercio de la inferior hacia arriba. Rota un cuarto y repite el proceso de

extender y plegar (si hace calor en la cocina y la mantequilla empieza a derretirse, mete de nuevo la masa en el frigorífico durante al menos 30 minutos antes de extenderlo por segunda vez). Vuelve a cubrir con un plástico y deja que repose en el frigorífico durante al menos 30 minutos antes de extenderlo otra vez.

Prepara el relleno: en una sartén grande, calienta el aceite, añade las cebollas y el comino y rehoga hasta que las cebollas estén transparentes, de 3 a 4 minutos. Agrega el ajo y la sal y rehoga durante unos 30 segundos, hasta que empiece a oler. Incorpora las patatas y el caldo y cocina hasta que las patatas estén tiernas. Agrega el pollo, el pimiento, las aceitunas y las pasas y cocina hasta que las pasas estén hinchadas y el pollo se haya calentado bien. Apaga el fuego y aparta para enfriar. Agrega el cilantro.

Monta las empanadas: saca la masa de hojaldre del frigorífico y deja que se ablande durante 5 minutos. Precalienta el horno a unos 220 °C. En una superficie enharinada, enrolla la masa hasta darle un grosor de aproximadamente 1 cm. Usando un molde redondo de unos 8,5 cm de diámetro, corta todos los discos que puedas. Vuelve a enrollar la masa sobrante y sigue cortando discos hasta acabarla. Bate los huevos y la nata para elaborar el barniz. Coloca parte del relleno de pollo en la mitad de un disco y unta los bordes con el barniz de huevo. Pliega la masa sobre el relleno y sella los bordes con un tenedor. Sigue rellenando empanadas y colócalas en una bandeja para hornear. Aplica una ligera capa de barniz de huevo sobre ellas.

Hornea de 23 a 25 minutos, hasta que adquieran un color marrón dorado, rotando la bandeja a la mitad del horneado para que este sea uniforme. Sirve calientes o a temperatura ambiente.

RABO DE TORO ESTOFADO EN TORTILLAS DE HARINA CON ENSALADA DE COLINABO-ZANAHORIAS

PARA 12 TACOS

Las tortillas de harina son versátiles y fáciles de preparar. Es mejor servirlas recién sacadas de la plancha; están deliciosas con diversas verduras salteadas o con carnes guisadas. Esta receta exige un poco de tiempo para preparar los componentes, pero los impresionantes sabores que se obtienen, rotundos y deliciosos, merecen la pena el esfuerzo. Los ingredientes asiáticos pueden adaptarse a la mayoría de las carnes rojas, de manera que si no puedes obtener rabo de toro, intenta sustituirlo por jarrete de ternera.

Para el rabo de toro

1,8 kg de rabo de toro

Sal y pimienta negra

30 g de mantequilla sin sal

115 g de vino de cocina

40 g de zumo de naranja fresco

20 g de salsa de soja

3 dientes de ajo, picados

3,8 cm de jengibre fresco, rallado

4 estrellas de anís enteras

2 palitos de canela

30 g de caldo de ternera

1 cucharadita de salsa picante

Ensalada de colinabo-zanahorias

1 colinabo grande, pelado

1 manzana

3 zanahorias pequeñas

3 cebollas verdes

Zumo de 1 lima

1 cucharadita de vinagre de sidra de manzana

1 cucharada de aceite de oliva virgen extra

2 cucharadas de salsa de pescado

10 g de miel suave

1 cucharadita de guindilla en láminas

Para las tortillas de harina

210 g de harina común

1 cucharadita de levadura

½ cucharadita de sal marina

15 g de grasa de pato o manteca de cerdo

100 g de iniciador con una hidratación del 100%

115 g de agua

Guarnición opcional: aguacate; hierbas frescas (cilantro, menta o toronjil van bien); rodajas de limón; rabanitos, y salsa picante.

Prepara el rabo de toro: precalienta el horno a 140 °C. Condimenta el rabo de toro con sal y pimienta. Derrite la mantequilla en un horno holandés. Dora la carne por los dos lados y sácala de la olla. Desgrasa la olla añadiendo el vino y remueve. Agrega el zumo de naranja, la salsa de soja, el ajo y las especias y lleva a un hervor. Vuelve a añadir la carne con el caldo y la salsa picante en la olla y métela en el horno precalentado. Cocina de 4 a 5 horas hasta que la carne esté tierna al pincharla con el tenedor y se desprenda del hueso. Saca del horno y deja enfriar lo suficiente como para que puedas manipularla. Separa la carne del hueso, desmenúzala en trozos pequeños y aparta.

Prepara la ensalada: corta en rodajas el colinabo, la manzana y las zanahorias, y las cebollas en tiras finas. Mezcla con el resto de los ingredientes y aparta.

Prepara las tortillas: mezcla la harina, la levadura y la sal en un bol mediano. Añade la grasa y mézclala con los dedos hasta que su textura se asemeje a la de harina de maíz. Añade el iniciador y el agua y remueve hasta que esté todo mezclado. Saca la masa del bol, amásala suavemente y forma una bola. Haz 12 bolas pequeñas del mismo tamaño y cubre con un plástico. Calienta una sartén de hierro fundido a fuego fuerte de 2 a 3 minutos. Baja a fuego medio y, usando un rodillo de amasar, extiende las tortillas hasta que tengan un diámetro de 10 a 13 cm. Échalas en la sartén, de una en una, y cocínalas hasta que estén hinchadas y tostadas por ambos lados. No las tuestes mucho porque se pondrán duras y crujientes.

Para preparar los tacos, llena las tortillas con carne, cúbrelas con ensalada y ponles una guarnición de hierbas frescas y cualquier otro de tus aderezos favoritos.

TARTA DE PERA Y TRIGO SARRACENO

PARA UNA TARTA DE 23 CM

El *Fagopyrum esculentum*, o trigo sarraceno, es una especie anual de la familia del ruibarbo cuyos frutos se cosechan y se comen principalmente como cereales o molidos, como una harina de color oscuro. No tiene gluten y contiene aproximadamente un 75% de almidón, un 11% de proteína y es especialmente rico en lisina. Crece con rapidez y puede tolerar terrenos de poca calidad. En mi opinión, sus hermosas hojas en forma de corazón y su florecitas blancas y etéreas embellecen cualquier jardín.

El trigo sarraceno se puede comer en cualquier época del año, por supuesto, pero quizá sea más apreciado en otoño por su carácter terroso. La pera y las almendras suavizan su fuerte sabor, y el jarabe de arroz lo convierte en un manjar nutritivo y saludable. Si quieres aún más sabor, añade 75 g de arándanos frescos a la masa antes de empezar a hornear. Esta tarta se conserva bien, pero a mí me gusta tostarla después de un día o dos y saborearla con queso fresco.

- 170 g de harina de trigo sarraceno
- 50 g de harina de almendras
- 1 cucharadita de levadura en polvo
- ½ cucharadita de bicarbonato
- 1 cucharadita de jengibre molido
- 1 cucharadita de canela molida
- ¼ de cucharadita de nuez moscada molida
- ½ cucharadita de sal
- 115 g de mantequilla sin sal, reblandecida
- 165 g de azúcar crudo
- 2 huevos grandes
- 1 cucharadita de extracto de almendra
- 100 g de iniciador con una hidratación del 100%
- 1 pera, sin centro y partida en rodajas de aproximadamente 0,5 cm
- 25 g de almendras laminadas (opcional)

Precalienta el horno a 190 °C y engrasa generosamente un molde para tartas o una sartén de hierro fundido. En un bol mediano, mezcla las harinas, la levadura en polvo, el bicarbonato, las especias y la sal. En un bol grande, mezcla la mantequilla, el azúcar y los huevos empleando una batidora-mezcladora de mano. Añade el extracto de almendra y bate hasta que esté mezclado. Usando un tenedor, bate el iniciador hasta que esté totalmente incorporado. Mezcla los ingredientes secos con los húmedos, en tres tandas. Vierte la masa en la sartén y decora con rojadas de pera y almendras laminadas si lo deseas.

Hornea de 30 a 35 minutos, hasta que los bordes empiecen a dorarse. Cuando esto ocurra, saca la masa de la sartén y haz la prueba de clavarle un palillo para ver si sale limpio.

Pasteles de manzana con cobertura de cheddar

Para 9 pasteles de 9 cm

La idea de envolver la fruta fresca tierna con una pequeña cobertura de masa pastelera puede adaptarse perfectamente a la mayoría de las estaciones del año. Los sabrosos e intensos sabores del queso fuerte se mezclan con las notas ligeramente ácidas del pastel de manzana. La pippin se ha convertido en mi variedad favorita de manzana, con su carne amarillenta y firme y su complejo sabor resinoso. Además se conserva bien. Pero cualquier variedad ácida con carne firme servirá, como la lodi de principio de temporada o la universal granny smith. Combinar estas con otras más dulces como jonagold o golden delicious añadirá una mayor complejidad a estos pasteles. Si cuando llega la cosecha de las manzanas las moras están aún madurando, sustituye parte de los 300 g de manzanas por un puñado de moras.

Elaboré esta receta tras volver, cargada de mezclas de especias exóticas, de un viaje a Marruecos. Una de mis favoritas (quizá valdría la pena otro viaje solo por ella) era una mezcla que un simpático vendedor llamaba sencillamente *mélange pour fruit*. Cada herboristería de la medina tenía sus propias mezclas secretas originales que hacían que su estilo fuera único. Las especias de esta mezcla en concreto estaban finamente molidas y tenían toques de canela y anís estrellado; le proporcionaban un color ligeramente dorado a la carne de la manzana, lo que indica que contenían cúrcuma. Pero había un aroma apenas apreciable que no conseguía identificar. Más adelante, cuando aprendí más sobre especias norteafricanas, descubrí una clase de pimienta culinaria que no había visto hasta entonces: *Piper longum*. Esta especia, conocida en ocasiones con el nombre de pimienta larga india, es el fruto de la floración de la familia de la pimienta y su sabor se asemeja al de la conocida pimienta negra pero con un punto almizclado picante. La pimienta larga no se limita a dejar una nota de picor en tu boca: es una verdadera fiesta de sabor, con matices de cardamomo, nuez moscada y tabaco. Creo que esta mezcla es lo que hace tan especiales a estos pasteles. Desde entonces la he conseguido en algunas tiendas indias de Nueva York, pero puede ser un ingrediente difícil de encontrar.

Si no puedes conseguir la pimienta larga, obtendrás un efecto parecido con los granos del paraíso (otra especia exótica autóctona de África occidental), el galangal o incluso la pimienta negra recién molida. Me gusta hacer esta mezcla en grandes cantidades y así tenerla a mano para toda clase de dulces. También resulta como postre sencillo, espolvoreada sobre rodajas de naranja fresca.

Para la cobertura

190 g de harina común

95 g de harina pastelera integral de trigo

30 g de azúcar granulado

½ cucharadita de sal marina

115 g de mantequilla fría sin sal, cortada en trozos

90 g de manteca de cerdo fría, cortada en trozos

45 g de queso cheddar fuerte, rallado

115 g de iniciador con una hidratación del 100%

30-40 g de vodka o de agua

Para el relleno de fruta

300 g de manzanas ácidas (2-3 manzanas)

60 g de miel suave

¾ de cucharadita de canela molida

2-3 estrellas de anís enteras

½ cucharadita de cardamomo molido

½ cucharadita de jengibre molido

¼ de cucharadita de nuez moscada molida

½ cucharadita de pimienta larga molida

Una pizca de clavo molido

Una pizca de cúrcuma molida

Para terminar

1 yema grande de huevo

Un poco de nata

30 g de azúcar granulado

Prepara la cobertura: en un bol grande o en un procesador de alimentos, mezcla las harinas, el azúcar y la sal. Mezcla la mantequilla, la manteca de cerdo y el queso hasta que recuerden a unas migas gruesas del tamaño de guisantes. Añade el iniciador y el vodka y mezcla hasta que la masa se vuelva compacta. Coloca sobre una superficie ligeramente enharinada y forma la masa en dos pequeños rectángulos del mismo tamaño.

Cubre con un plástico y guarda en el frigorífico durante un mínimo de 30 minutos y un máximo de 2 días.

Prepara el relleno: en una olla con el fondo grueso vierte las manzanas, la miel y las especias. Cocina a fuego medio-bajo, removiendo de vez en cuando, hasta que la fruta suelte todo el agua y empiece a ablandarse, de 5 a 7 minutos. Quítala del fuego y apártala para que se enfríe, o guárdala en el frigorífico hasta que esté lista para usar. Antes de rellenar los pasteles, saca las estrellas de anís.

Prepara los pasteles: precalienta el horno a 190 °C. En un bol pequeño, prepara el barniz batiendo la yema de huevo y la nata. Extiende un trozo de masa sobre una superficie ligeramente enharinada. Con una cuchilla de unos 7,5 cm, recorta todos los discos que puedas (vuelve a extender la masa si es necesario). Coloca en el centro de cada disco la mezcla de manzana y unta ligeramente los bordes con barniz de huevo. Cúbrelos con los discos restantes y aprieta suavemente con un tenedor para sellar los bordes. Transfiere a una bandeja para hornear. Pinta con barniz de huevo la parte superior y espolvorea el azúcar por encima. Con un tenedor, forma una equis en la parte superior de los pasteles para que suelten el vapor al hornearse.

Hornea de 25 a 30 minutos, hasta que tengan un color marrón dorado. Sirve caliente o a temperatura ambiente. Estos pasteles pueden conservarse durante varios días en un recipiente hermético.

Tarta tatin otoñal

Es mejor servir esta tarta caliente acompañada de nata montada con jarabe de arce. Puedes cambiar la fruta y las especias para adaptarla a cualquier época del año, pero esta receta en concreto celebra lo mejor de la estación del otoño. Las peras bartlett, fáciles de conseguir, son una elección deliciosa, pero también tienen buen resultado las comice o la anjou roja.

Elegir caquis puede ser frustrante, ya que no es fácil saber cuándo están maduros. Como las peras, todos los caquis se recogen verdes, de manera que dejarlos en la encimera de la cocina les ayudará a desarrollar su sabor, parecido al de la calabaza. Los caquis fuyu son los mejores para esta receta y pueden distinguirse en el mercado por su base plana y su carne firme. Deberían estar solo mínimamente tiernos y casi crujientes al cortarlos, al contrario que otras clases de caquis que necesitan tiempo para alcanzar su madurez blanda y dulce. Córtales la parte superior y extráeles el corazón antes de asarlos, añadirlos a las ensaladas o usarlos en este postre. Si no puedes conseguir fuyu, sustitúyelos por más peras.

Para la capa de fruta caramelizada

45 g de mantequilla sin sal
135 g de azúcar granulado
2-3 caquis firmes fuyu, sin el corazón y cortados en rodajas de alrededor de 0,5 cm
1 pera madura, sin el corazón y cortada en rodajas de algo más de 1 cm
100 g de arándanos frescos

Para la masa de la tarta

145 g de harina integral de repostería
1½ cucharaditas de levadura en polvo
1 cucharadita de canela molida
½ cucharadita de nuez moscada molida
½ cucharadita de jengibre molido
¼ de cucharadita de sal marina

115 g de mantequilla sin sal, reblandecida
135 g de azúcar granulado
2 huevos grandes
1 cucharadita de extracto de vainilla
200 g de iniciador con una hidratación del 100%

Prepara la capa de fruta: precalienta el horno a 175 °C. En una sartén de hierro fundido de 38 cm, derrite la mantequilla con el azúcar. Aparta y deja que se enfríe. Coloca las rodajas de fruta en la sartén, superponiéndolas ligeramente para crear un anillo amplio. Coloca otra capa concéntrica más pequeña dentro de la primera. La tercera capa, dentro de la segunda, formará otro círculo. Deberían quedar alrededor de 5 cm libres en el centro de la sartén. Rellena el centro, así como cualquier espacio que quede entre las rodajas de fruta, con los arándanos. Aparta.

Prepara la tarta: mezcla la harina, la levadura, las especias y la sal. En otro bol, mezcla la mantequilla y el azúcar con una batidora-mezcladora de mano hasta obtener una mezcla suave. Incorpora los huevos uno a uno. Añade la vainilla y remueve con un tenedor hasta que esté bien mezclado. Añade pequeñas cantidades de la mezcla seca a los ingredientes húmedos y remueve hasta que estén incorporados. No los mezcles excesivamente.

Extiende la mezcla de tarta sobre la fruta y colócala en el horno precalentado.

Hornea de 50 a 55 minutos, rotando para que se dore uniformemente. La tarta estará lista cuando su borde exterior presente un cálido color marrón y si al hacer la prueba del palillo este sale completamente limpio. Deja enfriar de 15 a 20 minutos y extráela de la siguiente manera: coloca el plato de servir en la parte superior de la sartén de hierro fundido y dale la vuelta rápidamente como si fuera una tortilla. La tarta debería desprenderse sin dificultad, pero si alguna de las frutas se pega, despégala con cuidado y vuelve a colocarla encima de la tarta. Es mejor servirla directamente del horno.

· ·

Pyrus communis
(Pera común)

Las peras son de las pocas frutas que no deberían cosecharse cuando están maduras sino recogerlas cuando alcancen el tamaño adulto; esto permite que los azúcares se desarrollen a temperatura ambiente. Es difícil calcular la madurez por el color, ya que este difiere con cada variedad. Para asegurarse de que están listas para consumir, presiona la carne del «cuello» más cercana al tallo. Si se hunde, tendrá la suficiente dulzura y sabor para usarla en el horneado.

· · · · · · · · · · · ·

CREPES DE TRIGO SARRACENO

PARA 6 CREPES DE 15 CM

Siempre me han inspirado los libros de cocina de David Lebovitz. Sus ingredientes son fáciles de conseguir y las recetas son claras, están escritas con humor y ofrecen resultados satisfactorios sin necesidad de muchos pasos complicados. Cuando compré su libro *My Paris Kitchen*, decidí que había llegado el momento de elaborar un crepe de masa madre basándome en su versión con trigo sarraceno.

Es muy fácil de preparar y puede usarse como base para guarniciones saladas o dulces. Me encanta rellenarlo de jamón, queso rallado y hierbas frescas, o si me apetece dulce, con un poco de *ganache* de chocolate (página 130) y rodajas de fruta.

100 g de iniciador con una hidratación del 100%
2 huevos grandes

90-100 g de leche entera
45 g de harina fina de trigo sarraceno

Una pizca de sal
15 g de mantequilla sin sal

En un bol de tamaño mediano, preferiblemente con pico de vertido, bate el iniciador, los huevos y 90 g de leche. Añade la harina de trigo sarraceno y la sal y mezcla hasta conseguir una pasta uniforme. Dependiendo de la necesidad de líquido de la harina, puede que necesites añadir la leche restante para alcanzar una consistencia fluida. Ha de ser más fina que la masa de *pancake* y verterse con facilidad.

Calienta una sartén a fuego medio. Añade una pequeña porción de mantequilla y deja que se derrita. Agrega un poco de masa en el centro de la sartén. Rota la sartén circularmente con movimientos rápidos, hasta que la masa se extienda formando un pequeño disco de unos 15 cm de diámetro. También puedes usar la parte posterior de un cucharón plano para extenderla. Cocina a fuego medio-bajo de 2 a 3 minutos hasta que empiecen a aparecer burbujas y los bordes del crepe se definan. Dale la vuelta y cocina durante otros 2 minutos aproximadamente, hasta que ambos lados tengan el mismo dorado. Colócalo en un plato, cúbrelo con un paño y repite hasta haber usado toda la masa. Puedes servirlos inmediatamente, aunque al día siguiente también están deliciosos.

GANACHE DE CHOCOLATE

PARA UNOS 450 G

Esta no es la típica receta de *ganache*, pero es mi preferida para untar en los crepes, rellenar la pasta brisa de nueces (ver página 262) o tartaletas o cubrir galletas. Hago un lote y lo guardo en el frigorífico en un recipiente hermético; luego solo tengo que volver a calentarlo a medida que lo vaya usando. Se conserva durante dos semanas.

240 g de nata montada espesa
30 g de azúcar mascabado
 (o crudo)

170 g chocolate semiamargo,
 en trocitos
10 g de *brandy* o ron

1 cucharadita de extracto
 de vainilla
Una pizca de sal

Calienta al baño María la nata y el azúcar a fuego medio hasta que se disuelva. Baja el fuego, añade el chocolate y remueve hasta que se derrita.

Apaga el fuego y agrega el licor, la vainilla y la sal. Usa inmediatamente o mantenlo guardado en un recipiente hermético hasta 2 semanas.

PASTEL DE CAQUI ESPECIADO

PARA 1 PASTEL DE 25 CM

Los caquis, desde el punto de vista botánico, son una baya de los árboles pertenecientes al género *Diospyros*, con sus diferentes especies comestibles de diversas características. Estas se dividen principalmente en las categorías astringente y no astringente, y es importante resaltar que en esta receta se usa la clase astringente de caquis, que se vuelven blandos cuando maduran. La variedad autóctona norteamericana *D. virginiana*, la asiática *D. kaki* (conocida también como *hachiya*) y la *D. lotus* contienen niveles elevados de taninos que se suavizan cuando madura la fruta. Consúmela cuando esté completamente blanda y le queden marcas al apretarla.

Para los arándanos confitados
225 g de agua
300 g de azúcar granulado
115 g de arándanos frescos
 o congelados

Para el puré de caqui
460 g de caqui (unos 2 *hachiya*)

Para el pastel
80 g de arándanos secos
80 g de albaricoques secos,
 cortados

40 g de jengibre confitado,
 cortado
60 g de ron especiado
224 g de harina pastelera
 de trigo integral
2 cucharaditas de bicarbonato
1½ cucharaditas de canela
 molida
½ cucharadita de nuez moscada
½ cucharadita de pimienta
 de Jamaica
½ cucharadita de sal marina
410 g de puré de caqui

3 huevos grandes, ligeramente
 batidos
80 g de jarabe de arce
300 g de azúcar granulado
115 g de mantequilla sin sal,
 derretida
1 cucharadita de extracto
 de vainilla
200 g de iniciador con una
 hidratación del 100%
100 g de nueces, tostadas

Salsa de mantequilla y *brandy*
 (página 89)

Confita los arándanos: calienta el agua y 225 g de azúcar en una cazuela pequeña a fuego medio, removiendo hasta que el azúcar se disuelva. Aparta del fuego y agrega los arándanos. Deja que se enfríen completamente; a continuación refrigera durante un mínimo de 4 horas y un máximo de 1 día. Escurre los arándanos y extiéndelos sobre papel de cocina. Agrégales los restantes 75 g de azúcar y deja que se sequen. Los arándanos confitados aguantan hasta 1 semana en el frigorífico.

Prepara el puré de caqui: quita los sépalos en forma de hojas de los caquis y sácales el corazón y las semillas (si empleas caquis autóctonos). Colócalos en el procesador de alimentos y bátelos hasta que quede un puré suave.

Prepara el pastel: precalienta el horno a 175 ºC y unta generosamente de mantequilla y harina un molde para tartas de 25 cm. En una cazuela pequeña, mezcla la fruta seca, el jengibre y el ron y caliéntalos hasta llevarlos a un hervor. Apaga el fuego y deja que se enfríe.

Mezcla la harina, el bicarbonato, las especias y la sal en un bol mediano. En otro bol grande, mezcla el puré de caqui, los huevos, el jarabe de arce, el azúcar, la mantequilla y la vainilla. Añade el iniciador y bate con un tenedor hasta que estén bien mezclados. Incorpora la mezcla de fruta y ron. Agrega los ingredientes secos a los húmedos en tres tandas, removiendo cada vez que añades una parte, hasta que se integre bien, teniendo cuidado de no mezclar excesivamente. Añade las nueces y viértelo en el molde para tartas.

Hornea de 55 a 60 minutos o hasta que al insertar un palillo de dientes en el centro, salga limpio. Déjalo enfriar al menos 30 minutos y luego colócalo en un plato. Quizá tengas que darle unos golpecitos para ayudar a desprenderlo.

Dale un toque final de salsa, si lo deseas, y añade los arándanos confitados para decorarlo. Sirve a temperatura ambiente. Este pastel aguanta hasta 1 semana, cubierto.

Barritas de coco y *tahini*

Para 1 molde de hornear de 22 x 28 cm

El otoño ha sido siempre mi estación favorita del año para plantar rosas y plantas perennes. El calor sofocante deja paso a noches más frescas y a veces a un poco de lluvia, y esto permite que los especímenes recién plantados desarrollen fuertes raíces. También es un buen momento para trasplantar tras una estación dedicada a la reflexión y a observar cómo se desarrollan los nuevos experimentos del jardín. Para mantenerse en esta época del año hace falta algo de energía y un poco de combustible para el estómago.

Creé estas barritas como una manera de agradecer a los becarios del BBG su enorme esfuerzo. Pasan ocho meses ayudando en muchas de las tareas que he mencionado anteriormente y que el personal no podría realizar si no fuera por ellos. Cobran sueldos bajos y además de su trabajo asisten a clases nocturnas. El objetivo de esta receta era proporcionarles un alimento energético que les diera fuerzas. Si optas por la leche de almendras, estas barritas son veganas y están repletas de frutos secos, semillas y fruta seca.

115 g de iniciador con una hidratación del 100%	30 g de semillas de lino molidas	125 g de coco deshidratado sin azúcar
250 g de *tahini*	½ cucharadita de sal marina	130 g de anacardos tostados
160 g de miel suave	¾ de cucharadita de levadura en polvo	100 g de arándanos secos
15 g de leche de almendras (o de leche entera)	10 g de semillas de sésamo	35 g de jengibre confitado, picado finamente
	30 g de semillas de chía	

Precalienta el horno a 175 °C. Engrasa ligeramente un molde para hornear y apártalo. En un bol mediano, mezcla los ingredientes líquidos y bátelos con un tenedor hasta que la mezcla se parezca a una sopa de huevos escalfados. En otro bol, mezcla las semillas de lino molidas, la sal y la levadura en polvo. Añade los ingredientes líquidos y mezcla ligeramente. Agrega 100 g de coco y el resto de los ingredientes y remueve hasta que se forme una pasta espesa y con tropezones. Usando una espátula, extiéndela por el molde para hornear, asegurándote de llenar los rincones. Esparce por encima los 25 g restantes de coco.

Hornea de 18 a 20 minutos, hasta que el coco esté bien tostado. Deja enfriar el bloque completamente antes de dividirlo en barritas. En ocasiones, cuando me quiero conceder un capricho, le añado un poco de *ganache* de chocolate por encima. Este postre se puede conservar hasta 5 días bien tapado en el frigorífico.

Bizcocho de jengibre

Para 1 bizcocho de 22 x 28 cm

Cuando tomes este bizcocho con un té en una fría tarde de otoño, te bastará con espolvorear un poco de azúcar glas por encima para convertirlo en una delicia. Compra un trozo de jengibre que esté firme, con la piel tensa y que no tenga aspecto de arrugado. Primero, raspa la piel con un cuchillo. A continuación, frota la raíz contra el lado fino de un rallador sobre un plato, descarta las fibras gruesas y usa el jugo y la pulpa restantes. El jengibre, usado en esta receta junto con otras especias fuertes, va bien con cereales integrales como la espelta o el trigo.

120 g de harina integral de espelta
½ cucharadita de levadura
    en polvo
¼ de cucharadita de bicarbonato
    sódico
½ cucharadita de sal
1½ cucharaditas de canela
    molida
½ cucharadita de nuez moscada
    molida

½ cucharadita de pimienta larga
    molida (ver página 123)
    o pimienta negra
170 g de mantequilla sin sal
65 g de azúcar moreno
65 g de melaza sin clarificar
2 huevos grandes
50 g de leche entera
1 cucharadita de extracto
    de vainilla

1 trozo de jengibre fresco
    de 3,2 cm, rallado
225 g de iniciador con
    hidratación del 100%
55 g de jengibre o de cítrico
    confitado, picado
Azúcar glas para espolvorear

Precalienta el horno a 190 °C. Reviste un molde con un trozo de papel de hornear engrasado ligeramente. Debería sobresalir a lo largo por los dos bordes unos 5 cm. Apártalo. En un bol mediano, mezcla la harina, la levadura en polvo, el bicarbonato, la sal y las especias molidas y aparta. En un bol grande, mezcla la mantequilla y el azúcar con una batidora de mano hasta que esté esponjosa y amarillenta, unos 5 minutos. Añade la melaza, los huevos, la leche, la vainilla y el jengibre fresco y bate hasta mezclar bien. Agrega el iniciador y bate con un tenedor. Incorpora la mezcla de harina en pequeñas porciones asegurándote de que el iniciador esté totalmente integrado en la masa en cada ocasión pero teniendo cuidado de no mezclarlo en exceso. Añade el jengibre confitado y extiende la masa en el molde para hornear. Nivela la superficie y hornea de 30 a 35 minutos, hasta que al insertar un palillo en el centro salga limpio. Sirve caliente o a temperatura ambiente cubierto de azúcar glas. También está riquísimo con helado de vainilla (pero ¿qué postre no lo está?).

Asarum canadense
(Jengibre salvaje)

Es bien conocido como la atractiva cubierta vegetal de las regiones boscosas del noreste norteamericano. El *Asarum canadense* fue usado por los colonos europeos como sustituto del *Zingiber officinale* tropical. Si vas a usarlo, limpia y pela los pequeños rizomas antes de rallarlos. De lo contrario, sustitúyelo por el *Zingiber officinale*, que es más fácil de conseguir.

El *Zingiber officinale* es una hierba perenne culinaria y medicinal que pertenece a la familia *Zingiberaceae*, que incluye también especias como la cúrcuma, el cardamomo y el galangal. La planta es originaria del Asia tropical pero ahora se cultiva comercialmente en todo el mundo. Su rizoma aromático en forma de tubo se trata de infinidad de formas: rallado en los curris indios o en la salsa *jerk* jamaicana, frito para aderezo en la cocina china, encurtido para el *sushi*, en zumos con verduras o fermentado para producir cerveza, además de ser una infusión calmante para las molestias estomacales. Se trata de una especia maravillosa que fortalece el espíritu y el cuerpo y es especialmente deliciosa cuando se usa fresca.

Rosquillas de zanahoria y piña con glaseado de tamarindo

Para 15 rosquillas de 5 cm

La pasta de tamarindo se prepara con las frutas leguminosas del *Tamarindus indica*, un árbol orna-mental con hojas plumiformes originario del este de África que actualmente se cultiva en las regiones tropicales de todo el mundo. Con su consistencia espesa y su sabor agrio, es un ingrediente habitual en muchos platos de Tailandia, India e Hispanoamérica.

Sus azúcares y su acidez naturales pueden usarse de múltiples formas, como marinadas, salsas, *chut-neys* (páginas 163 y 274), mermeladas y sorbetes. Puede ser un sabroso sustituto del vinagre, con un toque de dulzor, o incluso usarse en limonada. Basta con una pequeña cantidad para este glaseado que combina los sabores tropicales de la piña y el coco con las zanahorias.

El tamarindo puede encontrarse en diferentes formas, normalmente en mercados de productos exóticos. La potencia y la textura varían, y la cantidad que debes emplear en esta receta cambiará dependiendo del tipo que adquieras, por lo que es mejor que vayas probando mientras la preparas. Si solo dispones de vainas secas, te resultará fácil elaborar tu propia pasta, que se conserva bien en el frigorífico. Únicamente, tienes que echar las vainas en una cazuela con un poco de agua y calentar hasta que estén tiernas. Pásalas por el colador y conserva toda la pulpa que sea posible, descartando las semillas y los trozos duros de la cáscara.

Para las rosquillas

25 g de aceite de coco derretido

40 g de jarabe de arce

20 g de zumo fresco de piña

½ cucharadita de extracto de vainilla

1 huevo grande

50 g de panela, rallada

100 g de iniciador con una hidratación del 100%

50 g de zanahorias (aproximadamente media zanahoria), rallada

40 g de piña fresca, en dados

120 g de harina integral de espelta

½ cucharadita de levadura en polvo

½ cucharadita de canela molida

½ cucharadita de jengibre molido

¼ de cucharadita de nuez moscada molida

¼ de cucharadita de clavos molidos

Una pizca de sal

Para el glaseado de tamarindo

1½-2 cucharaditas de pasta de tamarindo

Un trozo de jengibre de 2,5 cm, rallado

20 g de nata espesa

45 g de queso crema

20 g de azúcar glas

Para el aderezo

1½ cucharadas de coco en láminas tostado

Prepara las rosquillas: precalienta el horno a 190 °C. Engrasa ligeramente un molde para rosquillas pequeñas con mantequilla o aceite y apártalo. En un bol de tamaño mediano, mezcla el aceite de coco, el jarabe de arce, el zumo de piña y la vainilla. Agrega el huevo y la panela y bátelo. Añade el iniciador y bátelo con un tenedor. Incorpora la zanahoria rallada y la piña y apártalo. En otro bol, mezcla la harina, la levadura en polvo, las especias y la sal. Vierte los ingredientes líquidos sobre los secos en tres tandas, pero no los mezcles excesivamente. Llena los huecos del molde de rosquillas y hornea, rotando el molde a la mitad del horneado, durante 17 o 18 minutos, hasta que la parte superior de las rosquillas tenga un color marrón dorado. Sácalas del horno y colócalas en una rejilla para enfriar.

Prepara el glaseado: mientras las rosquillas se están horneando, pon la pasta de tamarindo, el jengibre rallado y la nata espesa en una cazuela pequeña a fuego lento. Aplasta con un tenedor hasta que la pasta se ablande y absorba la nata. Aparta y cuela con un tamiz fino, pasándola a un bol mediano. Agrega el queso crema y tamiza el azúcar glas por encima. Remueve hasta que la mezcla esté homogeneizada y no queden grumos. Glasea las rosquillas y colócalas en una bandeja para servir. Decóralas con el coco tostado y sirve el mismo día.

Galletas de membrillo, nueces y té

Para aproximadamente 18 galletas

La conocida planta a la que llamamos membrillo es una especie del género de las *Chaenomeles*. Las dos especies que se cultivan normalmente, *C. japonica* y *C. speciosa*, pueden usarse en lugar de la *Cydonia oblonga* en esta receta aunque su fruta tiende a tener un sabor un poco más agrio. La *Cydonia oblonga* es el único miembro de su género dentro de la familia de las rosas, cuya fruta altamente nutritiva está llena de potasio y vitamina C. Desgraciadamente, su carne dura y fibrosa no resulta agradable cruda, pero al cocinarla se ablanda y combina bien tanto con platos dulces como salados.

Esta receta incluye instrucciones sobre cómo hacer la mermelada de membrillo, que está deliciosa servida con frutos secos y té aromático. Te sobrarán bastantes restos que puedes mezclar en el yogur o usar para acompañar el cordero asado o para comer en tostada.

Para la mermelada

425 g de membrillos frescos
(unas 3 frutas medianas
o grandes)

2 palitos de canela

5 vainas enteras de cardamomo,
machacadas

3-4 clavos enteros

2 anises de estrella enteros

965 g de agua

215 g de azúcar granulado

La ralladura y el zumo de 1 limón
pequeño

Para la masa de galletas

170 g de harina pastelera integral
de trigo

35 g de azúcar granulado

½ cucharadita de sal marina

1 cucharada de hojas
de té *Earl Grey*

1 cucharadita de ralladura
de limón

85 g de mantequilla fría sin sal

1 huevo grande batido

100 g de iniciador con una
hidratación del 100%

85 g de nueces, finamente
picadas

Prepara la mermelada: pela los membrillos y extráeles el corazón; descarta las semillas pero reserva el resto. Estas partes contienen grandes cantidades de pectina, necesaria para ayudar a fijar y resaltar el color de la mermelada. Coloca las pieles y los corazones en una estameña con las especias y átala con un cordel de panadero. Corta la carne de membrillo en trozos de 2,5 cm y colócala en una cazuela grande con el agua y el saquito de especias. Cocina a fuego medio-bajo durante 30 minutos, removiendo si es necesario para impedir que se pegue al fondo del recipiente.

Aparta del fuego y escurre el líquido viscoso de la fruta. Necesitarás aproximadamente 235 g de líquido para reservarlo; puedes descartar el resto o usarlo para hacer mermelada. Pon la fruta en un procesador de alimentos o en una batidora y mezcla hasta que quede un puré uniforme. Vuelve a verterlo en la cazuela con 1 taza del líquido reservado y añade el azúcar y la ralladura de limón. Cuécelo a fuego mínimo durante otros 45 minutos, removiendo frecuentemente para impedir que el fondo se queme. Añade el zumo de limón y cuece otros

4 o 5 minutos, removiéndolo. Aparta del fuego y deja que se enfríe. Si lo deseas, puedes conservarlo en tarros.

Prepara las galletas: precalienta el horno a 190 °C. En un bol grande o en un procesador de alimentos, mezcla la harina, el azúcar, la sal, el té y la ralladura de limón. Incorpora la mantequilla troceada y bate hasta que se forme una especie de miga grande. Añade el huevo y a continuación el iniciador. Remueve la mezcla o bátela hasta que la masa empiece a amalgamarse. Colócala sobre una superficie ligeramente enharinada y amásala unas cuantas veces hasta que se vuelva compacta. Extiende aproximadamente 1 ½ cucharadas de masa en las nueces picadas y ponla en una bandeja de hornear recubierta. Presiona firmemente con el pulgar para hacer un hoyo amplio en la masa. En cada hoyo vierte ½ cucharada de mermelada de membrillo.

Hornea de 18 a 20 minutos, o hasta que las pastas adquieran un color marrón dorado en el fondo. Pueden conservarse bien durante varios días guardadas en un recipiente hermético.

5. El letargo invernal

Cuando llegué a trabajar aquella desapacible mañana, estaba cayendo el casi metro y medio de nieve de la que, oficialmente, era la decimocuarta tormenta de la temporada. Por mucho que a los jardineros les encante el lujo de trabajar al aire libre en cualquier clase de clima, la tormenta de nieve de ese invierno en concreto estaba acabando con los nervios y la espalda de todos. Al menos, los recintos del Jardín Botánico proporcionaban un paisaje de nieve impoluta, distinta de la aguanieve sucia de las calles de la ciudad. A finales de febrero, aparte del ruido de arrastrar las botas y la llamada ocasional de nuestra leal población de aves rapaces, el silencio era casi absoluto.

Ese fue un invierno diferente de los que cualquier región de Nueva York había visto en los últimos veinte años. Nos habíamos acostumbrado al confort de los otoños largos y las primaveras tempranas. Tras regresar de un viaje de larga duración al exuberante y frondoso Ecuador, daba paseos diarios buscando signos de vida: brotes en los magnolios o amentos en las ramas de los alisos. Se agradecía enormemente cualquier signo de vida.

La verdadera primavera no llegó hasta al menos un mes después de que las calles se inundaran de nieve derretida. Fue entonces cuando descubrí la dicha de crear vida por mí misma, en la cocina, a través del germinado. Si no podía alimentarla en su ciclo natural al aire libre, podía manipular el tiempo, la humedad, el aire y la temperatura para germinar mis propios cereales. ¡Podría haber una tormenta de nieve al otro lado de la ventana, pero eso no me impediría contemplar el milagro de la vida en mi encimera!

Ese pequeño logro fue un acto de resistencia que me hizo consciente de mis recursos. Estaba tomando materiales fríos y grises en mis propias manos. Era esperanzador ver cómo un poco de agua y calor podían iniciar una rebelión contra el letargo.

El germinado no solo produce una profunda satisfacción emocional; también nutre el cuerpo: incrementa la digestibilidad y elimina los antinutrientes que poseen naturalmente las semillas, al catalizar la actividad de las enzimas que ayuda a descomponer partes del cereal que de otro modo serían indigeribles, entre ellas las proteínas del gluten y elementos naturales como los fitatos, que interfieren en la absorción de nutrientes. Los seres humanos no disponemos, como los rumiantes, de un estómago extra que ayude a digerir el grano. Sin embargo, en lugar de eso podemos usar el poder de nuestro cerebro para sacar partido del potencial nutritivo de los alimentos que ingerimos.

Un beneficio del germinado igualmente alentador es que la calidad del sabor mejora. Se intensifica el sabor a hierba de trigo, a frutos secos de trigo sarraceno, a tierra de centeno... El pan horneado con cereales germinados tiene al masticarlo una textura que nunca ha poseído antes, y la bollería adquiere una frescura sutil producida por el desarrollo de los azúcares naturales. Porque ¿qué sentido tiene comer de manera saludable si el sabor no es increíblemente delicioso?

Pan borracho de higo

A menudo me preguntan cómo concibo mis fórmulas y combinaciones de sabores. La respuesta no siempre es sencilla, y normalmente tiene que ver con los excedentes de producción del huerto o con mis antojos particulares. Con los ingredientes de los que dispongo cerca de mí, me siento un rato, utilizo la calculadora y empiezo a imaginarme fórmulas de pan basándome en las matemáticas de panadería.

Esta receta en concreto empezó con una botella de vino prácticamente imbebible. En lugar de tirarlo, lo utilicé para rociarlo sobre unos higos y dejar que se empaparan de su fuerte sabor a roble. Como me encanta la combinación de centeno con fruta, saqué el centeno molido que tenía a mano y empecé a mezclarlo, no siguiendo unos cálculos sino más bien a ojo. Al final llegué a esta fórmula, que hace honor a la buena calidad de los cereales integrales y que combina tan bien con la ambrosía de higos. Mi manera favorita de servirlo es acompañado de queso crema de sabor fuerte y una botella de *buen* vino tinto.

Para el impregnador
240 g de higos secos
    variedad *mission*
105 g de vino tinto

Para la levadura
15 g de iniciador con una
    hidratación del 100%

40 g de agua
25 g de harina media de centeno
30 g de harina de centeno partido

Para la masa
110 g de levadura
370 g de agua
Impregnador

370 g de harina de panadería
85 g de harina integral de trigo
45 g de harina de centeno
    de grano partido
25 g de harina de trigo sarraceno
17 g de sal

Prepara el impregnador: elimina los tallos de los higos y corta la fruta en trozos gruesos. Colócalos en un bol mediano y rocíalos con vino. Cubre con un plástico y deja reposar hasta que estés listo para hacer la masa.

Prepara la levadura: de 10 a 12 horas antes de que vayas a hacer la masa, prepara la levadura. Mezcla el iniciador y el agua hasta que queden bien amalgamados. Añade las harinas de centeno, remueve, cubre y deja a temperatura ambiente.

Prepara la masa: cuando la levadura haya aumentado de volumen y esté activa, añade el agua y el impregnador, separando la levadura con los dedos. Agrega las harinas y mezcla hasta que estén hidratadas y no queden grumos. Manipula la masa solo en la medida de lo necesario, procurando no trabajar en exceso el centeno. La masa se volverá pegajosa. Cubre con un plástico y deja que autolice durante 20 minutos. Espolvorea la sal por encima y mezcla hasta que esté completamente incorporada en la masa.

Cubre con un plástico y deja que el volumen se incremente de 2 a 3 horas, volteándola y plegándola a intervalos de 45 minutos.

Dale forma a la masa: cuando la masa esté hinchada y su tamaño haya aumentado un tercio, divídela por la mitad y dale la preforma. Cubre con un plástico y deja que repose durante 30 minutos. Dale la forma final que prefieras y colócala con la unión hacia arriba en un *banneton* o *couche* bien enharinado. También puedes enharinar bien la superficie y dejar que la masa suba con la unión hacia abajo (si haces esto, la superficie se agrietará en el horno para soltar vapor sin la necesidad de hacer incisiones. Esto crea unos patrones naturales preciosos parecidos a los de la arcilla del desierto). Cubre con un paño y un plástico y deja que la masa suba durante 1 o 2 horas más. Puedes mantener la masa en el frigorífico hasta 6 horas, pero esto no favorece una fermentación larga y lenta, que es preferible para este pan. Sigue las instrucciones de la página 39 y, una vez que se haya producido la primera subida de la masa dentro del horno, baja la temperatura a 220 °C. Tras sacarla del horno, deja que se enfríe por completo antes de cortar en rodajas. El pan de centeno necesita tiempo para que la miga se forme, y, sin duda, ¡estará más sabroso al día siguiente!

Pan de queso saraguro

Para cuatro tortas de 15 cm

Recorrer un país extranjero durante un viaje prolongado tiene sus ventajas; una de ellas; aunque no sea la más importante, es que te da tiempo a hacer excursiones imprevistas a pueblos remotos. Saraguro, en Ecuador, era uno de esos pueblos, donde podría pasarme siglos deambulando entre las numerosas tiendas de artesanía y por la empinada ladera de la montaña. Afortunadamente, estuve por allí un domingo, cuando el mercadillo está más lleno de gente. Ese día las mujeres indígenas de la región llevan sus vestidos más espléndidos,

con abalorios de cuentas, faldas largas, sombreros negros y blancos de ala ancha y sonrisas estoicas para los turistas curiosos. Los hombres también tienen su uniforme: pantalones capri negros, camisa blanca con chaleco y poncho negros y una coleta larga y lustrosa que sobresale por debajo de su sombrero hongo.

Los puestos del mercado estaban agrupados en vendedores de productos similares. La carne estaba separada del pescado, y este de las verduras, cereales, frutas exóticas, etc. En lo alto de la colina, a un lado, había un grupo de mujeres y niños haciendo tortas de pan sobre brasas de carbón. Los observé mientras llenaban una masa sin levadura de una especie de trigo integral grueso con queso fresco, el queso omnipresente en Ecuador. Probé una torta caliente por curiosidad. Tenía un fuerte sabor a cebada que recordaba los frutos secos y era sorprendentemente dulce; resultaba evidente que estaba hecha de harina recién molida. Aunque la mayor parte del trigo cultivado en Ecuador es tierno y no es adecuado para elaborar pan al horno, la cebada crece bien y puede conseguirse fácilmente. El *Hordeum vulgare*, uno de los cereales más antiguos que se cultivan en cualquier lugar del mundo, pertenece a la familia de las hierbas que tienen una composición naturalmente baja en gluten y alta en fibra. Nunca había probado una cebada tan fresca y tan viva; hacía único el sabor de este pan.

Al volver a casa, el recuerdo de esa experiencia persistió, y ha sido difícil reproducirla. Esta receta es lo que más se le aproxima; en ella empleo cebada recién molida –si es posible–. Se pueden conseguir resultados todavía mejores germinando la cebada antes de molerla para hacer harina, un proceso que extrae el dulzor natural del grano. Si no puedes conseguir queso fresco, prueba con un feta fuerte o con un queso de cabra, pero cualquier queso fundido será delicioso.

Para la masa
250 g de harina de cebada
½ cucharadita de levadura
    en polvo
5 g de sal

40 g de mantequilla fría sin sal
105 g de suero de leche
20 g de miel fuerte (trigo
    sarraceno, algarrobo o castaña
    dan buenos resultados)

200 g de iniciador con una
    hidratación del 100%

Para el relleno
80 g de queso fresco,
    desmenuzado

En un bol grande o un procesador de alimentos, mezcla la harina, la levadura en polvo y la sal. Trocea la mantequilla hasta que la mezcla se asemeje a migas gruesas del tamaño de guisantes y añádela, junto con el suero de leche, la miel y el iniciador, y mezcla hasta que la masa sea compacta. Sácala del bol y amasa suavemente en la encimera para darle una consistencia uniforme.

Divídela en cuatro bolas iguales y abre un hueco en cada una de ellas. Llénalas con entre 1 y 1½ cucharadas de queso y séllalas. Colócalas en una superficie cubierta con un poco de harina y haz que rueden para que se enharinen. Con la palma de la mano, presiona cada una de las bolas hasta formar un disco. Una vez que la masa esté tan fina que se vea el queso, pellízcala continuamente mientras la haces rotar en paralelo a tu torso. Trabaja la masa para extenderla hasta que alcance un diámetro de 15 cm. Aparta y cubre con un plástico. Sigue dando forma a las otras mientras las primeras se van haciendo.

Calienta una sartén a fuego medio de 4 a 5 minutos. Baja el fuego a medio-bajo y tuesta las tortas de una en una hasta que alcancen un color marrón dorado, de 5 a 6 minutos por cada lado. Sírvelas inmediatamente con más miel o, si prefieres una comida más sustanciosa, cúbrelas con alubias, un huevo frito y salsa picante.

FOUGASSE DE NUECES Y QUESO AZUL

PARA 2 FOUGASSES GRANDES O 4 PEQUEÑAS

Lo ideal es servir este pan decorativo en una mesa compartida por muchos comensales para que lo vayan pasando de mano en mano y lo partan y mojen en una sabrosa sopa. Al tener una gran proporción de corteza con respecto a la miga, es mejor servirlo el mismo día que se hace. Puedes tomarlo con un queso azul semitierno de calidad como el roquefort, un *fourme d'ambert* -más suave-, un *stilton* azul, o cualquier otro queso semitierno de este estilo, y obtendrás un sabroso resultado que te encantará. A la masa de *fougasse* se le pueden dar muchas formas ornamentales –la más frecuente es la de espiga de trigo–. Sé creativo y experimenta, ya que es una técnica que admite infinidad de posibilidades.

Para la levadura	Para la masa	9 g de sal
25 g de iniciador con una hidratación del 100%	75 g de levadura	85 g de queso, desmenuzado
25 g de agua	305 g de agua	85 g de nueces, tostadas y picadas gruesamente
25 g de harina de panadería	360 g de harina de panadería	
	40 g de harina integral de espelta	

Prepara la levadura: de 8 a 10 horas antes de hacer la masa, prepara la levadura. En un bol grande, bate el iniciador con el agua. Añade la harina y mezcla con una cuchara hasta obtener una pasta uniforme. Cubre y deja fermentar a temperatura ambiente.

Prepara la masa: cuando la levadura tenga burbujas y esté activa, agrega el agua y remueve. Añade las harinas y mezcla con las manos hasta que estén completamente hidratadas y no queden grumos. Cubre con un plástico y deja que autolice durante 20 minutos. Espolvorea la sal sobre la mezcla y remueve hasta que esté totalmente incorporada. Agrega el queso y las nueces y vuelve a cubrir con un plástico. Deja que su volumen aumente durante 3 horas, volteando y plegando a intervalos de entre 30 y 45 minutos.

Dale forma a la masa: cuando la masa esté hinchada y tenga casi el doble de volumen, colócala en una superficie bien enharinada.

Divídela por la mitad o en cuartos y dales preforma de *batards*. Cubre con un plástico y deja que repose de 10 a 30 minutos sobre la mesa de la cocina. Dale la forma final y colócala en un *couche* bien enharinado. Cubre con un paño y plástico. Deja que se eleve durante otras 2 horas a temperatura ambiente o de 4 a 6 en el frigorífico.

Antes de hornear, aplasta, con las manos o con un rodillo, el *batard* elevado y colócalo en una bandeja revestida con papel de hornear. Practícale incisiones con un cuchillo o con tijeras en la forma que desees y extiende los cortes para abrirlos.

Hornea siguiendo las instrucciones de las páginas 38-40 de 20 a 22 minutos, procurando que la corteza no se vuelva excesivamente oscura. Es preferible una textura esponjosa, suave, con una corteza crujiente, especialmente al añadirle queso y frutos secos.

PAN DE ESPELTA CON MIEL Y AVENA

PARA 2 HOGAZAS

Este es un pan nutritivo y excelente para comer a diario, perfecto para tostadas o sándwiches. La miel, cuya presencia se nota sutilmente, resalta los sabores naturales de los cereales integrales. La hidratación media de este pan unida a una buena cantidad de cereales integrales hace que su miga no sea tan esponjosa como la de otros panes de este libro. Pero la verdad es que a veces prefiero una rebanada de pan que pueda untar de miel o mantequilla sin perder la mitad en el plato.

Para la levadura
30 g de iniciador con una
    hidratación del 100%
40 g de agua
40 g de harina integral de espelta

Para el impregnador
140 g de copos de avena
275 g de agua hirviendo

Para la masa
110 g de levadura
245 g de agua
Impregnador
45 g de miel
105 g de harina integral
    de espelta
445 g de harina de panadería
11 g de sal

Prepara la levadura: prepara la levadura de 8 a 10 horas antes de hacer la masa. En un bol grande, vierte el agua y el iniciador para formar una pasta. Añade la harina y mezcla con una cuchara hasta que quede homogénea. Cubre y deja que fermente a temperatura ambiente.

Prepara el impregnador: al mismo tiempo que mezclas la levadura, prepara el impregnador en otro bol. Añade el agua hirviendo a la avena. Tapa y deja reposar a temperatura ambiente hasta que estés listo para hacer la masa.

Prepara la masa: cuando la levadura haya adquirido volumen y esté activa, añade el agua, el impregnador y la miel y remuévelos para que se mezclen. Agrega las harinas y mezcla con las manos hasta que estén hidratadas y no queden grumos. Cubre con un plástico y deja que autolice durante 20 minutos. Espolvorea la sal sobre la masa y mezcla bien con las manos, asegurándote de que esté completamente incorporada. Cubre con plástico y deja que su volumen se incremente de 3 a 4 horas, volteando y plegando cada 30 o 45 minutos.

Dale forma a la masa: cuando el volumen de la masa se haya prácticamente duplicado, colócala en una superficie bien enharinada. Pártela por la mitad y dale la preforma. Cúbrela con un plástico y deja que repose de 10 a 30 minutos. Dale la forma final y colócala en *bannetons* o en *couches* bien enharinados. Cubre con un paño y un plástico y refrigera de 8 a 12 horas.

Hornea siguiendo las instrucciones de las páginas 38-40.

Hogaza del leñador

Para 2 hogazas

El invierno es la época ideal para podar los árboles y los arbustos. Para sorpresa de la mayoría, la encargada de las rosas siempre tiene mucho que hacer en el jardín durante la temporada invernal. Agradecida por la oportunidad de permanecer activa, elaboré un pan nutritivo para mantener las podadoras y las sierras en movimiento a pesar del frío. En esta fórmula está presente todo lo que considero alimentos sustanciosos de invierno, como cereales integrales, semillas, nueces y fruta seca.

Para la levadura	Para la masa	Relleno
10 g de iniciador con una hidratación del 100%	105 g de levadura	180 g de albaricoques secos, cortados en trozos gruesos
40 g de agua	405 g de agua	180 g de pacanas, tostadas y cortadas en trozos gruesos
40 g de harina de panadería	420 g de harina de panadería	30 g de mijo integral seco
15 g de harina de trigo sarraceno	75 g de harina de trigo integral	9 g de semillas de amapola
	20 g de harina media de centeno	
	10 g de sal	

Prepara la levadura: de 8 a 10 horas antes de hacer la masa, prepara la levadura. En un bol grande, mezcla el iniciador con el agua para formar una pasta. Añade las harinas y mezcla con una cuchara hasta obtener una masa homogénea. Cubre y deja fermentar a temperatura ambiente.

Prepara la masa: cuando la levadura tenga burbujas y esté activa, añade el agua y remueve, deshaciéndola. Agrega las harinas y mezcla a mano hasta que estén completamente hidratadas y no queden grumos. Cubre con un plástico y deja que autolice durante 20 minutos. Espolvorea la sal por encima y mezcla hasta que quede completamente incorporada a la masa. Añade los albaricoques, las pacanas, el mijo y las semillas de amapola y vuelve a cubrir con un plástico. Deja que aumente el volumen de 3 a 4 horas, volteándola y plegándola a intervalos de 30 a 45 minutos.

Dale forma a la masa: cuando la masa tenga casi el doble de volumen, colócala sobre una superficie bien enharinada. Divídela por la mitad y dale la forma inicial. Cubre con un plástico y deja que repose de 10 a 30 minutos. Dale la forma final y colócala en unos *bannetons* o en un *couche* bien enharinados. Cubre con un paño y luego con plástico y refrigera entre 8 y 12 horas.

Hornea siguiendo las instrucciones de las páginas 38-40.

Pan picante de guindillas

Para 2 hogazas

Este pan se puede preparar durante todo el año, ya que el ingrediente principal que le da su sabor característico son las guindillas secas molidas. Me encanta hacerlo en invierno, cuando varias capas de calcetines, pantalones térmicos y un pesado abrigo no son capaces de calentar mis huesos. Puedes elegir cualquier tipo de guindillas, pero yo prefiero las mora, morita o chipotle ahumadas y molerlas justo antes de añadirlas a la masa. Este es un pan excelente de sándwich pero va sorprendentemente bien con las tartas de mermelada como la de ruibarbo y con un poco del exquisito queso burrata.

Para la levadura
30 g de iniciador con una
    hidratación del 100%
60 g de agua
85 g de harina de panadería

Para la masa
175 g de levadura
520 g de agua
45 g de miel suave
525 g de harina de panadería
140 g de harina de trigo integral

30 g de harina de centeno
    de fuerza media
1 cucharada de guindillas
    ahumadas molidas
17 g de sal

Prepara la levadura: 8 horas antes de hacer la masa, prepara la levadura. En un bol grande, mezcla el iniciador y el agua para formar una pasta. Añade la harina y mézclala a mano. Debería tener un tacto un tanto duro. Cubre y deja que fermente a temperatura ambiente.

Prepara la masa: cuando la levadura haya aumentado de volumen y esté activa, añade el agua y la miel y remueve para mezclarlas. Añade las harinas y las guindillas molidas y mezcla a mano hasta que estén hidratadas y no queden grumos. Cubre con un plástico y deja que autolice durante 20 minutos. Espolvorea la sal por encima de la masa y mezcla hasta que esté completamente incorporada. Cubre con un plástico y deja que el volumen aumente de 3 a 4 horas, volteándola y plegándola en periodos de 30 a 45 minutos.

Dale forma a la masa: cuando el volumen de la masa se haya prácticamente duplicado, divídela por la mitad y dale la preforma. Cubre con un plástico y deja que repose de 10 a 30 minutos. Dale la forma final que desees y coloca con la unión hacia arriba en *bannetons* o en un *couche* enharinados. Cubre con un paño y luego con un plástico y refrigera de 8 a 16 horas.

Hornea siguiendo las instrucciones de las páginas 38-40.

Pan de farro

Para 2 hogazas

El farro es una deliciosa especie de trigo (*Triticum*) con sabor a frutos secos que se ha utilizado en la cocina italiana desde hace siglos. Tiene una historia ancestral que se origina en algún lugar del Creciente Fértil antes de extenderse a otras regiones, culturas y cocinas. Por tanto, la nomenclatura puede ser bastante confusa al tratar de comprarlo como cereal o harina integral. *Farro* es un término genérico italiano que se refiere a tres variedades que ahora se encuentran normalmente en los comercios estadounidenses.

Al *Triticum monococcum* se lo conoce también como *farro piccolo*, sencillamente farro «pequeño», o *einkorn* en alemán; el farro «medio», es lo que en hebreo se llama *emmer* pero en los términos latinos utilizados en botánica recibe la denominación *Triticum dicoccum*, y el farro «grande» (el mayor de los tres) es la espelta, o más específicamente *Triticum spelta*. Confuso, ¿verdad?

El grano que empleo para elaborar esta gran hogaza húmeda es el *Triticum dicoccum*, que consigo en un almacén italiano tradicional de alimentos en el corazón de Brooklyn. También he usado harina Farro Rustico de Anson Mills, elaborada con espelta tostada, con resultados igualmente satisfactorios, ya que les aporta un fuerte sabor a frutos secos a la corteza y la miga.

Para la levadura
30 g de iniciador con una hidratación del 100%
60 g de agua
60 g de harina de panadería

Para la masa
150 g de levadura
600 g de agua
335 g de harina de trigo de alta extracción
190 g de harina gruesa de farro
150 g de harina de panadería
75 g de harina de centeno oscura
15 g de sal

Prepara la levadura: de 8 a 10 horas antes de hacer la masa, prepara la levadura. En un bol mediano, mezcla el iniciador y el agua para formar una pasta. Añade la harina y mezcla con una cuchara hasta que quede una masa homogénea. Cubre y deja fermentar a temperatura ambiente.

Prepara la masa: vierte el agua en un bol grande, y añade las harinas y mézclalas con las manos hasta que estén completamente hidratadas y no queden grumos. Cubre con plástico y deja que autolice durante 1 hora. Agrega la levadura hasta que no queden vetas visibles. Vuelve a cubrir con un plástico y deja que repose durante 20 minutos. Espolvorea la sal sobre la masa y mézclala hasta que esté completamente incorporada. Cubre con un plástico y deja que su volumen se incremente de 2 a 3 horas más, volteando y plegando cada 30 minutos. Cubre con un plástico y refrigera de 6 a 8 horas.

Dale forma a la masa: saca la masa del frigorífico y colócala en una superficie bien enharinada. Pártela por la mitad y dale la preforma. Cubre con un plástico y deja que repose de 10 a 30 minutos antes de darle la forma final. Coloca las hogazas con la unión hacia arriba en *bannetons* bien enharinados recubiertos de lino. Cubre con un plástico para la subida final durante 1 hora a temperatura ambiente. También puedes retardarlas en el frigorífico durante otros 6 u 8 minutos antes de hornear.

Hornea siguiendo las instrucciones de las páginas 38-40.

Chips DE EMMER GERMINADO

PARA APROXIMADAMENTE 2 DOCENAS DE CHIPS

Estos *chips* son tiernos y al mismo tiempo crujientes, con el dulce sabor natural del emmer (*Triticum dicoccum*), que recuerda al de los frutos secos, aumentado por el proceso de germinado. Germinar el grano requiere unos cuantos días; por eso tienes que planearlo de antemano, pero merece la pena el esfuerzo por la mejora en el sabor y en la nutrición. Son deliciosos con mantequilla de cítricos y guindillas (página 245), pero también están muy buenos con una mantequilla normal.

Hay varias formas de germinar los granos, pero yo prefiero un método sencillo que permita una ventilación adecuada. Una posibilidad es remojar los granos en agua y colocarlos luego en un tarro cubierto, aunque podrían agriarse antes de germinar si no tienen la suficiente circulación de aire. Si eliges este método, asegúrate de remover dos o tres veces al día el grano para que pueda respirar y cubre el tarro sin cerrarlo por completo. Con cualquier método que utilices, date un margen de 3 días. Si estás usando un grano duro como el emmer, el centeno o la escanda, cúbrelo primero con agua caliente durante al menos 2 horas o la noche entera. Escurre y extiende en una sola capa en una bandeja de hornear. Humedece bien un paño, elimina todo el exceso de agua y colócalo sobre los granos. Examínalo una o dos veces al día; remueve los granos y vuelve a humedecer el paño si se seca. Después del primer día notarás cómo la radícula empieza a sobresalir en la punta del grano. A los 2 o 3 días se extenderá por completo como raíz primaria: esto indica que el grano está listo para su uso. Si no vas a utilizarlo todavía, guárdalo tapado en el frigorífico durante varios días o en el congelador hasta 2 semanas. Me gusta germinar grandes cantidades de una vez y reservar una parte en el congelador para panes, ensaladas calientes y estos *chips*.

100 g de granos germinados de emmer

300 g de agua

115 g de mantequilla de cítricos y guindillas (página 245)

60 g de iniciador con una hidratación del 100%

115 g de harina integral de trigo

¾ cucharadita de sal

En una cazuela mediana, cuece los granos de emmer en el agua a fuego medio-bajo hasta que queden tiernos y secos, de 35 a 40 minutos. Pásalos por el procesador de alimentos hasta que queden finamente molidos. Añade la mantequilla y el iniciador y pulsa unas cuantas veces para mezclarlo. Agrega la harina y la sal y procesa hasta que la masa empiece a formar una bola alrededor de la cuchilla. Sácala y amásala sobre una superficie ligeramente enharinada hasta que se vuelva compacta. Para hacer *chips* rectangulares, cubre un molde pequeño para pan con un papel de hornear levemente engrasado de manera que sobresalga por los dos lados. Usando una espátula, extiende la masa por el molde, cubre y refrigera durante al menos 1 hora hasta que se endurezca o durante un máximo de 24 horas. Para hacer *chips* redondos, enrolla la masa formando un tronco de 5 cm de ancho; usa un papel de hornear ligeramente engrasado o incluso una envoltura de plástico.

Precalienta el horno a 245 °C. Corta la masa en trozos de 0,30 cm usando un cuchillo afilado y colócalos en una sola capa sobre una bandeja de hornear revestida. Hornea de 8 a 10 minutos, rotando el molde a mitad del proceso para conseguir un horneado uniforme. Los *chips* estarán listos cuando los bordes alcancen un color marrón dorado.

BIALYS DE CHUTNEY INDIO

PARA 9 BIALYS DE APROXIMADAMENTE 12 CM

Los *bialys* se han convertido en sinónimo de la ciudad de Nueva York de tal manera que la mayoría de la gente desconoce su origen polaco. A principios del siglo xx, los inmigrantes judíos de Europa del Este trajeron con ellos recetas de *Bialystok kuchen*, y durante muchos años esta especie de *bagel* de consistencia gomosa fue una de las exquisiteces habituales del Lower East Side. Actualmente el *bialy* tradicional solo puede encontrarse en unas pocas tiendas selectas, como Kossar's Bakery; desgraciadamente, muchos otros son réplicas confeccionadas con ingredientes de baja calidad y conservantes. Nueva York ofrece una abrumadora variedad de alimentos que representan las múltiples culturas que se han establecido en esta ciudad a lo largo del tiempo. Esta receta es un ejemplo perfecto de especialidad tradicional adaptada al cosmopolitismo de la ciudad.

Para el *chutney* (para 1 taza y media)

80 g de aceite de oliva virgen extra
12 g de guindillas rojas (unas 4 grandes), sin tallos (elige el grado de picante; yo uso Costeño)
20 g de pasta de tamarindo
1 cucharadita de comino molido
1 cucharadita de jengibre fresco rallado
4 hojas de curri secas
1 manojo grande de tomillo fresco

1 cucharada de semillas de mostaza
600 g de cebollas, picadas
2 dientes grandes de ajo
30 g de panela o caña de azúcar ralladas
180 g de tomates frescos, picados
1 cucharada de semillas de sésamo

Para la masa

180 g de iniciador con una hidratación del 100%, refrescado (alimentado)

250 g de agua
305 g de harina de panadería
55 g de harina de trigo integral
7 g de sal

Para el aderezo

1 cucharada de semillas de amapola

Prepara el *chutney*: en una sartén grande, calienta 60 g de aceite, las guindillas, la pasta de tamarindo, las especias, el tomillo y las semillas de mostaza hasta que las semillas empiecen a chisporrotear. Añade 475 g de cebolla, el ajo, la panela y los tomates y saltea hasta que estén ligeramente caramelizados. Pasa la mezcla por un procesador de alimentos hasta que quede una masa homogénea. En la misma sartén, echa los restantes 125 g de cebolla y 20 g de aceite y saltea hasta que la cebolla quede tierna, pero no tostada. Transfiere la cebolla salteada y el aceite a un bol y añade aproximadamente la mitad del puré y las semillas de sésamo. Este será el aderezo del *bialy*.

Prepara la masa: echa el iniciador con el agua en un bol grande. Añade las harinas y mezcla a mano hasta que estén hidratadas y no queden grumos. Cubre con un plástico y deja que autolice durante 20 minutos. Espolvorea la sal sobre la masa y mezcla hasta que esté incorporada completamente. Dale vueltas y pliégala de 5 a 7 minutos para darle fuerza. Deja que aumente el volumen de 2 a 3 horas más, volteándola y plegándola cada 30-45 minutos. Saca la masa

163

del bol, luego y engrasa con aceite el recipiente, vuelve a poner la masa en él, cúbrelo con un paño y después con plástico y guárdalo en el frigorífico durante toda la noche.

Monta los *bialys*: a la mañana siguiente, precalienta el horno a 245 ºC y saca con cuidado la masa del bol, procurando que no se desgasifique. Divide la masa en nueve trozos de 85 g sobre una superficie de trabajo ligeramente enharinada. Dales una preforma más o menos redonda a los trozos, tápalos y déjalos reposar de 10 a 30 minutos.

Presiona las bolas y rótalas del centro hacia afuera hasta obtener un disco fino por el centro y más grueso por los bordes, como si estuvieras dándole forma a la masa de una *pizza*. Si la masa se resiste, cúbrela y déjala que repose y se ablande durante unos cuantos minutos antes de volver a trabajarla. Al final debería tener aproximadamente 12 cm de diámetro. Colócala en una bandeja para hornear recubierta de lino en la que se haya espolvoreado sémola o harina de maíz.

Con las tijeras de cocina, haz en el centro de cada disco de masa, un agujero poco profundo de poco más de 0,5 cm de ancho.

Introduce alrededor de 1 cucharada de *chutney* y luego cúbrelo con semillas de amapola (el agujero se cerrará al hornear, pero parte del *chutney* se carameliza en el fondo).

Hornea durante 10 minutos. Rota la bandeja y hornea durante otros 8 o 10 minutos, dependiendo del color que desees que adquiera. A mí me gustan los *bialys* poco hechos, así que no los horneo tanto como lo hago con las hogazas.

CAZUELA DE HORTALIZAS DE RAÍZ

PARA 4 CAZUELAS INDIVIDUALES DE 15 CM O PARA UNA GRANDE DE 25 CM

La cazuela puede evocar recuerdos de verduras excesivamente hechas en una salsa indefinible y viscosa, con frecuencia cubierta de copos de maíz o cebollas fritas de lata. Una verdadera lástima, porque este plato tiene el potencial de sacar a relucir sabores y texturas sorprendentes de una manera mucho más sofisticada y reconfortante. Es una comida vegetariana llena de fuerza, aderezada con especias y elaborada con masa de harina de maíz con sabor a queso. Las hortalizas conservan su firmeza y su rico colorido al tiempo que se mezclan con los sabores dulces pero picantes de las cebollas y las verduras caramelizadas. Si prefieres una versión más consistente, añade garbanzos o un poco de beicon triturado al relleno antes de hornear.

Para el relleno
1 cucharadita de semillas de mostaza
25 g de aceite de oliva virgen extra
15 g de mantequilla de cítricos y guindillas (página 245)
180 g de cebolla, picada
1 cucharadita de comino molido
½ cucharadita de cúrcuma molida
1 cucharadita de cilantro molido
1 cucharadita de canela molida
2 dientes de ajo, picados
1 cucharadita de sal
200 g de remolacha (unas 2 remolachas pequeñas), peladas y cortadas en cuartos

200 g de zanahorias (unas 3 zanahorias medianas), peladas
60 g de hojas de berza, remolacha o cardo suizo, desvenadas y trituradas
135 g de yogur entero
135 g de queso rallado (cheddar, Monterey Jack, o colby van bien)

Para el aderezo de galleta de harina de maíz
100 g de harina de maíz
½ cucharadita de bicarbonato
Una pizca de sal marina

85 g de mantequilla de cítricos y guindillas (página 245), fría
50 g de queso rallado
1 huevo grande, batido
1 cucharada de cebollino fresco picado
150 g de iniciador con una hidratación del 100%
45-50 g de suero de leche

Para la decoración
2-3 cucharadas de cilantro o perejil fresco, picado

Prepara el relleno: precalienta el horno a 190 °C. Calienta una sartén a fuego medio-bajo y añade las semillas de mostaza. Tuéstalas, removiéndolas, hasta que desprendan olor y empiecen a saltar (aproximadamente 1 minuto). Añade el aceite y la mantequilla y deja que esta se derrita. Agrega la cebolla, las especias molidas, el ajo y la sal y cocina a fuego medio-bajo de 5 a 7 minutos, removiendo de vez en cuando, hasta que las cebollas se hayan ablandado.

Usando una mandolina, corta finamente las remolachas y las zanahorias con un grosor de 0,15 cm. Colócalas en un bol mediano y añade la mezcla de cebolla, las verduras, el yogur y el queso. Remueve para combinar bien la mezcla y luego distribúyela por igual entre los recipientes de hornear, si usas más de uno. Extiéndela en una capa uniforme.

Prepara el aderezo de galleta: mezcla la harina de maíz, el bicarbonato y la sal en un bol mediano. Desmenuza con los dedos la mantequilla, y remueve hasta que la mezcla se asemeje a migas gruesas del tamaño de guisantes. Incorpora el queso y a continuación el huevo y el cebollino. Añade el iniciador. Vierte el suero de leche hasta que la masa se hidrate y puedas servirla con una cuchara pero siga estando espesa.

Vierte cucharadas de la mezcla de galleta sobre la mezcla de remolacha y hornea de 40 a 45 minutos, hasta que la cobertura de harina de maíz adquiera un color marrón dorado. Adorna con el cilantro y sirve caliente.

GALLETAS DE TOMATE SECO

PARA 7 DOCENAS DE GALLETAS DE 4 CM

A todo el que ha probado estas galletitas saladas se le ocurre alguna sugerencia para servirlas. En casa las tomamos normalmente con un tazón de sopa humeante de calabacín o solas como aperitivo. Yo suelo prepararlas para las fiestas; las decoro con un poco de queso de cabra y una jugosa alcaparra.

30 g de tomates secos
110 g de parmesano
25 g de azúcar granulado
1 cucharada de romero fresco
   picado

120 g de harina pastelera de trigo
   integral
40 g de harina de maíz fino

½ cucharadita de pimentón
Una pizca de sal
126 g de mantequilla fría sin sal
100 g de iniciador con una
   hidratación del 100%

Coloca los tomates secos, el parmesano, el azúcar y el romero en un procesador de alimentos y muélelo todo finamente; raspa los bordes si es necesario. Añade las harinas, el pimentón y la sal y pulsa para mezclar. Agrega la mantequilla y pulsa para formar migas gruesas. Incorpora el iniciador y pulsa para combinar.

Coloca la masa sobre una superficie ligeramente enharinada y, a golpecitos, ve dándole una forma redonda. Ponla en el frigorífico durante un mínimo de 30 minutos y un máximo de 2 días. Cuando estés listo para hornear, saca la masa del frigorífico y deja que se ablande en la encimera durante unos 5 minutos. Precalienta el horno a 175 °C.

Coloca la masa en una superficie ligeramente enharinada. Con un rodillo de amasar cubierto de harina, extiéndela hasta que alcance un grosor de poco más de 0,5 cm, ayudándote con la espátula. Recorta las galletas utilizando un pequeño molde y vuelve a trabajar la masa hasta que la uses por completo. Coloca una bandeja recubierta con papel de hornear y hornea de 13 a 15 minutos, hasta que adquieran un color marrón dorado por los bordes. Almacena en un recipiente hermético durante 1 semana como máximo.

PASTEL DE CHOCOLATE CON REMOLACHA Y OPORTO

PARA PASTEL DE 23 CM DE DOS CAPAS

Este pastel de chocolate espeso utiliza tres ingredientes de color granate que se complementan entre sí. Servido con arándanos confitados, este rico pastel de fiesta es un final elegante y sencillo para una comida. Para hacerlo aún más apetitoso, sírvelo con helado de vainilla y un poco de oporto añejo.

Para el puré de remolacha
400 g de remolacha fresca (unas 3 remolachas grandes)
170 g de vino de oporto rubí

Para el pastel
215 g de harina común
55 g de harina de cebada
85 g de cacao en polvo
1½ cucharaditas de levadura en polvo

½ cucharadita de sal
225 g de mantequilla sin sal, reblandecida
240 g de azúcar granulado
3 huevos grandes
Puré de remolacha
150 g de iniciador con una hidratación del 100%

Para el glaseado
225 g de chocolate semiamargo cortado en trozos pequeños
175 g de nata agria

Para el aderezo
Arándanos confitados (página 130)

Prepara el puré de remolacha: precalienta el horno a 220 °C. Asa las remolachas enteras hasta que estén tiernas al pincharlas con un tenedor, entre 45 y 60 minutos. Déjalas enfriar hasta que puedas manipularlas. Corta la parte superior y los tallos y pélalas. Añade las remolachas asadas a una licuadora o a un procesador de alimentos con el oporto y bátelas hasta que alcancen una consistencia homogénea; raspa los bordes con la espátula si es necesario. Aparta la mezcla o guárdala en el frigorífico hasta que llegue el momento de usarla.

Prepara el pastel: precalienta el horno a 190 °C. Engrasa y enharina dos moldes de 23 cm. En un bol mediano, mezcla las harinas, el cacao en polvo, la levadura en polvo y la sal. En otro bol, bate la mantequilla y el azúcar hasta que adquieran una textura cremosa de color amarillo suave, unos 5 minutos. Bate los huevos de uno en uno, seguidos por el puré de remolacha. Usando un tenedor, añade y mezcla el iniciador. Agrega la mezcla de harinas en tres tandas, removiéndola con cada adición hasta que se mezcle. Divide la masa en los dos moldes y hornea de 20 a 22 minutos, hasta que al insertar un palillo en el centro, este salga limpio. Enfría en una rejilla.

Monta el pastel: derrite el chocolate al baño María y déjalo enfriar. Añade la nata agria. La consistencia debería ser espesa y fácil de untar. Agrégalo a las dos capas del pastel y coloca arándanos confitados troceados entre ellas. Decora con arándanos confitados. Este pastel puede conservarse hasta 1 semana en el frigorífico.

GALLETAS DE MANTEQUILLA DE FRUTOS SECOS

DE 7 A 8 DOCENAS DE GALLETAS DE 5 CM

Al formular una receta de galletas con masa madre, es importante saber que la hidratación añadida del iniciador produce fácilmente una textura parecida a la de las tartas. Y aunque para algunas recetas (por ejemplo, para el sándwich de helado) es conveniente una miga esponjosa y tierna, la verdad es que prefiero una galleta más dura, un biscote quebradizo para mojar o un panecillo ligeramente dulce y con más consistencia al masticar para el desayuno. Estas galletas son versiones de esto último y las preparo en grandes cantidades para saciar mi deseo de picar algo a media mañana. Son bocados suculentos, elaborados con una levadura rígida de centeno, sin nada de acidez, aunque toda la harina está completamente fermentada. El azúcar de dátil y el jarabe de arce hacen que sepan como un capricho delicioso y al mismo tiempo sean un alimento nutritivo lleno de grasas saludables.

Para la levadura
20 g de iniciador con una hidratación del 100%
50 g de agua
70 g de harina media de centeno

Para la masa de galletas
140 g de levadura
2 huevos grandes
60 g de jarabe de arce
½ cucharadita de bicarbonato sódico
½ cucharadita de canela molida
¼ de cucharadita de nuez moscada molida

480 g de mantequilla de los frutos secos que desees (almendra, cacahuete, anacardo, etc.)
180 g de azúcar de dátil
1 cucharadita de extracto de vainilla
30 g de copos de avena

Prepara la levadura: mezcla el iniciador y el agua en un bol mediano 8 horas antes de hacer las galletas. Añade la harina de centeno, mézclala a mano hasta que esté hidratada y dura y cúbrela con un plástico. Deja que fermente a temperatura ambiente. Cuando haya adquirido volumen y tenga olor a miel y fruta, puedes mezclarla con la masa o guardarla en el frigorífico durante varios días antes de usarla.

Prepara la masa de las galletas: precalienta el horno a 175 °C. Añade los huevos y el jarabe de arce a la levadura y remueve. Espolvorea el bicarbonato, la canela y la nuez moscada por encima y remueve para incorporarlos. Añade la mantequilla de frutos secos, el azúcar de dátil y

la vainilla, para crear una masa dura, y a continuación los copos de avena.

Haz bolas pequeñas con la masa y colócalas en una bandeja revestida de papel de hornear. Presiónalas suavemente con un tenedor para aplastarlas y formar las galletas (pasa por harina el tenedor antes de utilizarlo en cada galleta para impedir que se pegue a la masa).

Hornea de 7 a 8 minutos, rotando la bandeja a mitad del proceso, hasta que los bordes empiecen a parecer firmes. No hornees excesivamente. Deja enfriar en una rejilla. Se conservarán bien en un recipiente hermético cubierto a temperatura ambiente de 4 a 5 días.

Bizcocho veteado con plátano asado

Para un bizcocho de 25 cm

Cuando quiero calentar mi cocina en invierno, acudo a esta receta. Tiene varios pasos en los que se utiliza el horno, entre ellos asar los plátanos. Esto ayuda a caramelizar los azúcares naturales y a lograr un sabor único. Como se usa harina pastelera de trigo integral, el contraste de colores del veteado no será tan espectacular, pero el sabor y los beneficios para la salud deberían pesar más que la estética.

Para el plátano asado
500 g de plátanos (unos 4 plátanos grandes maduros), cortados en rodajas de 2,5 cm de ancho
30 g de azúcar morenao
30 g de *bourbon* o ron

Para el bizcocho
375 g de harina pastelera integral de trigo
1¼ cucharaditas de levadura
1 cucharadita de bicarbonato sódico
1 cucharadita de canela molida
¾ de cucharadita de sal
Plátano asado

3 huevos grandes, batidos
130 g de mantequilla, derretida
160 g de leche entera
1 cucharadita de extracto de vainilla
200 g de iniciador con una hidratación del 100%
30 g de cacao en polvo

Precalienta el horno a 190 °C. Cubre generosamente de grasa y harina un molde para bizcocho y apártalo.

Asa los plátanos: mezcla los plátanos, el azúcar moreno y el licor en una fuente refractaria y hornea durante 15 minutos, o hasta que los plátanos den señales de caramelización, removiendo el contenido a mitad del proceso.

Prepara el pastel: en un bol mediano, mezcla la harina, la levadura, el bicarbonato, la canela y la sal. Una vez que los plátanos se hayan enfriado, mézclalos con los huevos, la mantequilla fundida, la leche y la vainilla en el procesador de alimentos. Pulsa hasta conseguir una masa uniforme. Añade el iniciador y pulsa hasta lograr una textura consistente.

Pasa los ingredientes húmedos a un bol grande y añade alrededor de un tercio de la mezcla de harina. Remueve sin excederte y vuelve a hacer la misma operación con otro tercio y después con otro. Tras esto, transfiere la mitad de la mezcla a otro bol y espolvorea el cacao sobre la masa restante. Remueve hasta homogeneizar.

Alterna capas de cada masa en el molde para bizcocho que has preparado. Al terminar, usa un cuchillo para dibujar espirales en la masa. Esto creará un efecto de veteado. Hornea de 55 a 60 minutos, rotando el molde a mitad del proceso. Cuando un palillo insertado en el centro salga limpio, saca el bizcocho del horno y deja que repose durante al menos 20 minutos; luego colócalo en una rejilla. Este bizcocho está delicioso por sí mismo pero también podrías cubrirlo de azúcar glas, *ganache* de chocolate (página 130), o salsa de mantequilla y *brandy* (ver página 89).

TARTA DE CREMA DE LIMÓN

PARA 1 TARTA DE 13 x 10 CM

El *Citrus limon* es nuestro limón común de toda la vida, cultivado fácilmente en climas mediterráneos como el de Italia o el de California. Madura durante los meses invernales, pero como las variedades con la piel gruesa se mantienen bien durante todo el año, muchos no saben que los limones tienen una época. Yo prefiero emplear el zumo del *Citrus x meyeri*, o limón meyer, en esta receta por su sabor dulce y floral (que puede venir por el cruce del limón común con una mandarina o con una naranja común). Su piel es fina, por lo que es más susceptible de sufrir algún daño, de manera que disfrútalo cuando esté en el momento culminante de la cosecha en los meses de invierno.

Para la masa
Masa quebrada (página 298)
1 cucharada de romero fresco
   picado (opcional)

Para la crema de limón
80 g de zumo de limón meyer
2 cucharadas de ralladura
   de limón meyer
150 g de azúcar granulado
4 huevos grandes
Una pizca de sal
115 g de mantequilla sin sal

Para el aderezo
1 limón meyer o de cualquier
   otro tipo, en rodajas finas

Prepara la masa: sigue las instrucciones de la página 298 para la masa quebrada, añadiéndole el romero junto con la harina si decides usarlo. Dale la forma de un pequeño rectángulo y guárdala en el frigorífico durante un mínimo de 30 minutos y un máximo de 1 día. Precalienta el horno a 175 °C y saca la masa del frigorífico. Deja que se ablande a temperatura ambiente durante unos 5 minutos. Extiéndela sobre una superficie ligeramente enharinada y dale un grosor de poco más de 0,5 cm, usando el rodillo de amasar. Pásala a un molde para tartas. Corta la que sobresalga por los bordes y presiona suavemente la masa hacia los lados del molde. Hornea a ciegas (ver página 40) de 15 a 20 minutos, hasta que los bordes parezcan firmes pero no se hayan dorado. Deja enfriar en una rejilla.

Prepara la crema: en un bol pequeño, mezcla el zumo y la ralladura de limón, el azúcar, los huevos y la sal. Colócalo en una cazuela y calienta a fuego medio, removiendo frecuentemente hasta que se alcance una consistencia espesa, de unos 10 a 12 minutos. Aparta del fuego, añade la mantequilla y remueve hasta que se derrita. La mezcla debería estar suave y uniforme. Si es necesario, pásala por un colador grueso para eliminar cualquier grumo.

Monta la tarta: baja la temperatura a 160 °C. Vierte la crema en la masa de tarta preparada y coloca las rodajas de limón por encima. Hornea durante 15 minutos, o hasta que la cuajada se haya fijado. Deja enfriar completamente y sirve con nata montada.

MUFFINS DE LIMÓN

PARA 12 MUFFINS GRANDES

Usar la masa madre es una manera poco convencional de preparar este dulce clásico francés. Estos productos horneados, con su fragancia a ralladura de limón y su sabor a mantequilla, tienen una maravillosa textura exterior crujiente y una miga tierna. Si quieres darles un toque especial, prueba a añadir a la masa 3/4 de cucharadita de lavanda o tomillo triturados.

Antiguamente, el nombre *Citrus medica* agrupaba a distintas variedades de cítricos, como el limón, la cidra y la lima. Estas frutas, bien conocidas y consumidas ampliamente, se consideran hoy en día bayas ovoides, al menos en términos botánicos, y recientemente han recibido sus propias denominaciones como especies. En general, este género es bastante promiscuo, en el sentido de que se somete fácilmente a la polinización cruzada para crear ligeras variaciones en el sabor y el carácter de la fruta.

75 g de harina pastelera
½ cucharadita de levadura en polvo
Una pizca de sal
90 g de azúcar granulado

La ralladura de 2 limones pequeños (a ser posible meyer)
2 huevos grandes
1 cucharadita de extracto de vainilla

50 g de iniciador con una hidratación del 100%
85 g de mantequilla sin sal, derretida y enfriada

Precalienta el horno a 175 °C y engrasa con mantequilla un molde de *muffins*. En un bol pequeño, mezcla la harina, la levadura en polvo y la sal. Aparta. En otro bol, mezcla el azúcar y la ralladura de limón, aplastando con una cuchara para desprender los aceites fragantes. Añade los huevos y bate hasta lograr una masa espesa y algo esponjosa. Incorpora la vainilla y el iniciador hasta que estén mezclados de manera uniforme.

Agrega la mezcla de harina en pequeñas porciones y mezcla levemente. Incorpora la mantequilla una vez que se haya enfriado y remueve hasta que la masa esté homogeneizada. Distribuye la masa en los moldes y hornea en la rejilla de en medio de 12 a 13 minutos, hasta que los bordes adquieran un color marrón dorado. Sácalos y déjalos enfriar completamente, luego espolvorea azúcar glas antes de servir.

Babka de chocolate, grosella y canela

Cada madre, abuela, tía y hermana tiene una receta diferente del *babka* del Viejo Mundo. Es un manjar apreciado y placentero originario de Europa del Este, que ha llegado a tantas cocinas que con frecuencia hay discusiones apasionadas sobre cuál es la mejor receta. ¡Hay tantas opiniones como matriarcas! Si consigues guardar una cantidad suficiente de este sabroso pan, te servirá como excelente *bostock* o tostada al día siguiente.

Para la levadura
30 g de iniciador con una
    hidratación del 100%
85 g de agua
85 g de harina de panadería

Para la masa *babka*
200 g de levadura
170 g de leche entera
1 huevo grande, batido
60 g de mantequilla sin sal,
    fundida

60 g de azúcar granulado
305 g de harina de panadería
55 g de harina pastelera integral
    de trigo
1 cucharadita de canela molida
9 g de sal

**Para el relleno de chocolate
con grosellas**
60 g de mantequilla sin sal
130 g de trocitos de chocolate
    semiamargo
¾ de cucharadita de canela
    molida
90 g de grosella seca

Para el barniz
1 yema grande de huevo
Una pizca de nata

Prepara la levadura: de 6 a 8 horas antes de hacer la masa, prepara la levadura. Mezcla en un bol grande el iniciador y el agua para formar una pasta. Añade la harina y mezcla con una cuchara hasta que tenga una consistencia homogénea. Cubre y deja fermentar a temperatura ambiente.

Prepara la masa: cuando la levadura tenga burbujas y esté activa, añade la leche, el huevo, la mantequilla y el azúcar y remueve. Añade las harinas y la canela y mezcla a mano hasta que se hidraten y no queden grumos. Cubre con un plástico y deja que autolicen durante 20 minutos. Espolvorea la sal y amasa sobre la encimera durante unos 5 minutos. Cubre con un plástico de nuevo y deja que el volumen aumente durante 4 horas, volteándola y plegándola cada 30-40 minutos para que tome más cuerpo.

Prepara el *babka*: engrasa bien el molde (o los moldes) y apártalo. Derrite al baño María la mantequilla para el relleno. Añade los trocitos de chocolate y la canela y remueve hasta que se disuelvan; luego aparta para que se enfríe. Pasa la masa a una superficie bien enharinada y extiéndela hasta que se forme un rectángulo de unos 17 × 30 cm. Extiende la mezcla de chocolate uniformemente sobre la masa y luego distribuye las grosellas por la superficie. Con la ayuda de la espátula, empieza a enrollar la masa a lo largo. Cuando esté completa la espiral, pasa el rodillo sobre la unión y los extremos para sellarla y estírala un poco para alargarla más. Colócala en una bandeja para hornear y cúbrela con un plástico; a continuación ponla en el congelador durante 15 minutos, o hasta que la masa esté firme. Córtala por la mitad a lo largo. Coloca un trozo encima de otro y trénzalos, dándoles de cuatro a cinco vueltas. Si la masa no está firme, será un poco complicado. Córtala por la mitad y vuelve a trenzar uno sobre otro, creando un trenzado cuádruple. Aprieta los extremos, metiéndolos hacia dentro, y pon el *babka* en el molde. Cubre con un paño y luego con un plástico y guarda en el frigorífico durante al menos 8 horas para un sabor óptimo. Esta masa puede aguantar varios días en el frigorífico, y varias semanas si la congelas. Si vas a hacer esto último, deja que se descongele en el frigorífico antes de hornear.

Saca la masa del frigorífico y precalienta el horno a 190 °C. Mezcla en un bol pequeño la yema de huevo y la nata para hacer el barniz. Pinta la parte superior de la hogaza con el barniz y hornea sin vapor de 55 a 60 minutos, hasta que esté dorada, rotando la bandeja a mitad del proceso. Baja la temperatua a 160 °C y hornea durante 10 minutos más, o hasta que la temperatura interna de la masa esté entre los 85 y los 88 °C y la parte superior haya adquirido un color marrón oscuro. Deja enfriar completamente antes de cortar en rodajas.

Espirales de albaricoque y pistacho

Para 12 espirales en un plato de 22 x 28 cm

Esta es una deliciosa variación del *babka* de chocolate, grosella y canela. Un manjar para el desayuno.

Receta de masa *babka*
   (página 180)
Receta de salsa de mantequilla
   y *brandy* (página 89)

Para el relleno de albaricoque y pistacho
60 g de pistachos
30 g de azúcar granulado
155 g de albaricoques enteros
   secos

60 g de mantequilla sin sal
1 cucharadita de canela molida
25 g de ron
20 g de miel suave

Sigue la receta de la *babka* de chocolate, grosella y canela (página 180) hasta que estés listo para extender la masa. Engrasa generosamente una fuente para hornear con mantequilla y apártala. En un procesador de alimentos, mezcla los pistachos y el azúcar hasta que queden finamente molidos. Añade el resto de los ingredientes y procésalos hasta formar una pasta gruesa. Extiende la masa hasta conseguir un grosor de poco más de 0,5 cm y forma un rectángulo de aproximadamente un tamaño de 18 × 46 cm. Extiende la mezcla sobre la superficie de la masa, dejando un borde de 1,25 cm. Enrolla la masa a lo largo para formar una espiral,

cúbrela con un plástico y déjala en el congelador para que se endurezca durante unos 15 minutos. Sácala del congelador y quítale el plástico. Con un cuchillo afilado, corta en 12 trozos iguales de unos 2 cm de grosor. Colócalos en la fuente, con los lados del corte hacia arriba, tápalos con un plástico y guárdalos en el frigorífico durante toda la noche.

Cuando estés preparado para hornear, precalienta el horno a 190 °C y saca las espirales del frigorífico. Quítales el plástico y hornea durante unos 30 minutos, o hasta que adquieran un agradable color marrón dorado. Decora con la salsa de mantequilla y *brandy*.

TARTA DE CHOCOLATE CON *KUMQUAT* Y CHIPOTLE

PARA 2 TARTAS PEQUEÑAS DE 9 x 15 CM

Cuando ya empezamos a estar cansados del invierno, llega la temporada del kumquat (naranja china) para avivar el paladar y evocar la luz del sol. Aunque las malas lenguas dicen que alguna vez me he comido una entera de una sola sentada, es mejor servir en pequeñas porciones esta tarta tierna de sabor intenso. El calor reconfortante de las guindillas hace buena pareja con el cítrico y la canela, y el sabor de estos ingredientes se intensifica gracias a la mezcla de chocolate y centeno. Cuando no puedas conseguir naranjas chinas, utiliza cualquier otro cítrico de piel fina, como las clementinas.

150 g de *kumquats*, cortados en cuartos y sin semillas (unos 25 *kumquats*)

150 g de panela, rallada

185 g de mantequilla sin sal, en trozos

1 huevo grande

1 yema de huevo grande

1 cucharadita de extracto de vainilla

130 g de iniciador hidratado al 100%

95 g de harina media de centeno

50 g de cacao en polvo

¾ de cucharadita de bicarbonato

1 cucharadita de canela molida

¾ de cucharadita de guindillas chipotle molidas finamente

¾ de cucharadita de sal

60 g de avellanas, tostadas, peladas y cortadas gruesamente

Precalienta el horno a 175 °C y engrasa ligeramente los moldes. En una olla pequeña, cuece los *kumquats* y la panela a fuego medio-bajo, removiendo de vez en cuando, hasta conseguir una consistencia de jarabe, de 8 a 10 minutos. Apaga el fuego y añade la mantequilla hasta que se derrita. Pasa la mezcla a un bol pequeño y deja que se enfríe. Agrega el huevo, la yema de huevo y la vainilla y bátelos. Añade el iniciador y remueve con un tenedor hasta que esté bien mezclado.

En otro bol pequeño, mezcla la harina, el cacao, el bicarbonato, las especias y la sal. Añade los ingredientes secos a la mezcla de *kumquat*, en pequeñas cantidades, teniendo cuidado de no excederte al mezclarlos. Agrega las avellanas —reservando unas pocas para la decoración—, y reparte la masa entre los moldes. Esparce los frutos secos restantes por encima.

Hornea de 18 a 22 minutos, hasta que pase la prueba del palillo. Estas tartas se conservan bien durante varios días guardadas en un recipiente hermético.

Tartaletas de naranjas de sangre con crema de batata japonesa

Para 30-32 tartaletas de 5 cm

Las batatas japonesas son la variedad *Satsuma-imo* de las *Ipomea batatas* que aparecen en los mercados estadounidenses a finales del otoño o a principios del invierno. Son un cultivo efímero pero se conservan bien en el frigorífico. Te sorprenderá gratamente su carne blanca y dulce con sabor a frutos secos tostados. Combinadas con la naranja de sangre y las almendras, es un postre de apariencia discreta y sabores reconfortantes para el paladar invernal. Antes de servir espolvorea sobre ellas ralladura de la piel de cítrico confitada. Puedes comprar las pieles confitadas en una tienda de especialidades o hacerlas tú mismo. Yo prefiero preparar una gran cantidad en invierno, cuando los cítricos están en su apogeo, y congelarla para usarla durante el resto del año.

Para la piel de cítrico

60 g de la piel de tu cítrico favorito (la naranja, el pomelo, el limón y la lima dan buenos resultados)
55 g de agua
85 g de azúcar granulado

Para la masa

100 g de almendras enteras crudas
30 g de azúcar granulado
140 g de harina de trigo integral
Una pizca de sal

115 g de mantequilla fría sin sal
75 g de iniciador con una hidratación del 100%
1 cucharada de vodka o agua, muy fría

Para la crema de naranja de sangre

45 g de mantequilla sin sal
35 g de miel suave
1 cucharada de ralladura de naranja
30 g de zumo de naranja de sangre

1 cucharada de zumo fresco de limón
1 huevo grande
4 yemas de huevo

Para la crema de batata japonesa

450 g de batata japonesa (aproximadamente 1 batata)
½ cucharadita de canela molida
½ cucharadita de jengibre molido
225 g de nata montada espesa
10 g de azúcar granulado
20 g de jarabe de arce

Prepara la piel confitada: con un cuchillo afilado, monda la piel del cítrico, sacando tanta cáscara como te sea posible (si estás usando un pomelo, puede que necesites raspar la piel interior con un cuchillo sin filo o una cuchara). Córtala en trozos finos, de alrededor de 0,3 cm de ancho. Coloca los trozos en una olla y añade suficiente agua para cubrirlos. Llévalos a un hervor y luego escúrrelos. Repite esto dos veces más para eliminar cualquier amargor de la cáscara. Lleva otra vez los trozos de piel a la olla y añade los 55 g de agua y el azúcar. Hierve durante unos 15 minutos, hasta que la piel empiece a volverse translúcida. Sácala con una espumadera y déjala enfriar toda la noche en una rejilla colocada sobre un papel de hornear. Si lo deseas, puedes rebozarla en azúcar muy fino. Se conservan hasta 1 año guardadas en un recipiente hermético en el congelador.

Prepara la masa de las tartaletas: coloca las almendras y el azúcar en el bol de un procesador de alimentos y procesa hasta obtener un polvo fino. Añade la harina y la sal y mezcla. Agrega la mantequilla en trozos y mezcla hasta alcanzar una textura de migas gruesas. Incorpora el iniciador y el vodka y mezcla hasta que la masa se vuelva compacta. Parecerá más blanda de lo normal, pero no hay ningún problema. Colócala sobre una superficie ligeramente enharinada y dale forma de disco plano. Envuélvela en plástico y guárdala en el frigorífico durante al menos 30 minutos.

Prepara la crema de naranja: en una cazuela pequeña, calienta la mantequilla y la miel a fuego lento hasta que la mantequilla se derrita. En ese momento, agrega la ralladura y los zumos y apártala. En un bol pequeño, bate el huevo y las yemas y ve añadiendo lentamente la mezcla de miel y la mantequilla. Calienta a fuego lento, sin dejar de remover, hasta que la mezcla se espese. Aparta para que se enfríe.

Prepara la crema de batata: precalienta el horno a 200 °C. En una bandeja de hornear recubierta, asa la batata hasta que esté tierna al pincharla con el tenedor, de 45 a 60 minutos. Sácala del horno y déjala enfriar. Échala en un bol mediano tras pasarla por un tamiz. Añade las especias y remueve para que se mezclen. En otro bol mediano, bate la nata montada con el azúcar y el jarabe de arce. Añade la mezcla de batata y guarda en el frigorífico hasta que llegue el momento de usar.

Hornea la masa: mientras se enfría la batata asada, saca la masa de las tartaletas del frigorífico. Deja que se ablande a temperatura ambiente, unos 5 minutos. Extiende sobre una superficie ligeramente enharinada. Usando un cúter, corta tantos discos como puedas, colócalos en los huecos de un molde pequeño de panecillos y presiona suavemente por los lados. Hornea a ciegas de 12 a 15 minutos a 190 °C, hasta que los bordes adquieran un color marrón dorado. Saca del horno y enfría sobre una rejilla.

Monta las tartaletas: vierte cucharadas de cuajada en las tartaletas. Añade la nata empleando una manga pastelera y decora la parte superior. Adorna con la piel confitada de cítrico y enfría antes de servir.

GALLETAS DE TRIGO SARRACENO Y CHOCOLATE NEGRO

PARA UNAS 15 GALLETAS DE 10 CM

Estas ricas galletas oscuras de cereal integral tienen una textura crujiente, parecida a la de los *scones,* que resulta deliciosa al mojarlas en una taza de leche o en un café caliente. Si su contenido en cacao no les aporta el suficiente sabor a chocolate para tu gusto, prueba a añadir unas pepitas de chocolate negro para hacerlas aún más apetitosas.

140 g de mantequilla sin sal, blanda

170 g de azúcar granulado

145 g de chocolate semiamargo, fundido y enfriado

100 g de iniciador con una hidratación del 100%

145 g de harina de trigo sarraceno

15 g de cacao sin endulzar

2 cucharaditas de bicarbonato

½ cucharadita de sal

145 g de nueces, tostadas

Precalienta el horno a 190 °C. Trabaja la mantequilla y el azúcar con una batidora de mano hasta lograr una masa amarillenta y esponjosa. Añade el chocolate fundido y bate hasta que esté mezclado. Agrega el iniciador y bátelo con un tenedor hasta que empiece a separarse. En otro bol, bate la harina, el cacao, el bicarbonato y la sal. Incorpora a la mezcla de chocolate la harina en tres porciones sucesivas hasta que todos los ingredientes estén mezclados. Agrega las nueces. Esparce grandes cucharadas de masa en una bandeja para hornear revestida y hornea de 7 a 8 minutos, hasta que los bordes se vuelvan firmes. Enfría en una rejilla. Puedes almacenar las galletas en un recipiente hermético hasta un máximo de 3 días.

6. Primavera, el renacimiento

A muchos aficionados a hacer pan con levadura natural les encanta también el carácter de la primavera. Los sencillos ingredientes de la harina, el agua y la sal pueden elaborar creaciones sorprendentes, semejantes a todo ese despliegue de color que brota año tras año de un terreno aparentemente baldío. La primavera resucita al espíritu de su letargo con un aluvión de vida que gana cada vez más fuerza conforme se alargan los días. Los árboles lucen un color verde fresco que resplandece en los extremos de las ramas, enfrentándose al persistente frío y al invierno que se resiste a marcharse. Cuando esta vida pujante se encuentra con la nieve derretida y las suaves lluvias, el jardinero se embarca en la preparación anual del terreno, ansioso por empezar a sembrar. Se programan las tareas, se vuelve habitual hundir las rodillas en el lodo, y comienza la carrera para ajustarse a los ritmos de crecimiento de la naturaleza.

Cada estación del año nos anticipa la bonanza de la siguiente. Pero con el equinoccio de primavera surge una fuerte sensación de esperanza y optimismo, porque la primavera es la época de preparación para las cosechas del resto del año. El trigo de invierno, sembrado en otoño, tan apreciado por su nivel elevado de proteínas y su gran rendimiento, vuelve a crecer y muestra tallos florecientes que maduran en los meses siguientes. Esto se conoce como vernalización, palabra que deriva del término latino *vernus*, que significa «de la primavera». Quizá también se nos podría aplicar a nosotros, ya que nuestro afán de despertar se vuelve más intenso tras un letargo prolongado.

Asimismo, la fermentación natural reacciona con entusiasmo ante la primavera. Tras el sopor producido por el frío intenso de la cocina en invierno, se despiertan el optimismo y el fervor transformador. Con la temperatura adecuada la Madre vuelve a sus inicios primordiales. Los sentidos que despertaron al agradable olor de la tierra húmeda, los brotes de las plantas y los árboles en flor se agudizan ahora con el aroma de una contundente hogaza recién salida del horno elaborada con levadura natural.

Las recetas de este capítulo aprovechan la oportunidad, largamente esperada, de usar sabores frescos, añadir algo de color a nuestra alimentación, y nutrir nuestros cuerpos con comidas consistentes que nos ayuden a soportar los últimos días fríos y las trabajosas tareas de la primavera.

Masa madre de Brooklyn

Para 2 hogazas

Hay diversas opiniones acerca de qué es una auténtica masa madre. En lo que suelen estar de acuerdo es en que la mayoría de las versiones no son tan ácidas como deberían ser.

Intento aprovechar las cualidades naturales de mi iniciador blanco suave, sirviéndome de su naturaleza ambiciosa para leudar el pan. He empleado una levadura más fuerte, que le da a la masa final un mayor carácter, con varias capas de sabor en lugar de ese único toque ácido a cuajada. Sin embargo, prefiero el sabor cremoso y la textura de una levadura líquida que solo fermenta de 4 a 8 horas. Cuando se añade esta levadura después de que las harinas estén hidratadas y autolizadas, la masa desarrolla una fuerza única. Es una técnica que resulta especialmente útil al usar harina con un carácter débil o una actividad enzimática elevada.

Estas hogazas grandes tienen una subida inicial impresionante, una miga medio esponjosa y una corteza crujiente y, al mismo tiempo, algo correosa que todo pan elaborado con masa madre debe tener.

Es una masa versátil que puede cubrirse con semillas antes del incremento final de volumen. También se presta bien a muchas formas, como *boules*, *batards* y *epis*. Disfruta plegándola, pero acuérdate de hacerle unos cuantos cortes más profundos para facilitar la impresionante expansión de este pan.

Para la levadura
30 g de iniciador con una
   hidratación del 100%
65 g de agua
65 g de harina de panadería

Para la masa
620 g de agua
605 g de harina de panadería

200 g de harina integral de trigo
160 g de levadura
16 g de sal marina

Prepara la levadura: seis horas antes de hacer la masa, prepara la levadura. En un bol grande, mezcla el iniciador y el agua, formando una pasta. Añade la harina y remueve para mezclarla bien. Cubre y deja que fermente a temperatura ambiente hasta que aparezcan burbujas.

Prepara la masa: combina el agua y las harinas en un bol mediano y mezcla hasta que la harina esté hidratada y no queden grumos. Cubre con un plástico y deja que autolice de 1 a 2 horas, para que las proteínas del gluten se unan y desarrollen su fuerza. Espolvorea la sal y mézclala con la masa hasta que esté incorporada por completo. Cubre con plástico y deja que autolice durante 20 minutos. Saca la masa del bol y aplica el método de golpear y doblar (página 34) de 5 a

6 minutos para que adquiera más fuerza. Cubre y deja que aumente de volumen durante 3 horas, volteándola y plegándola cada 30-45 minutos.

Dale forma a la masa: cuando la masa casi haya duplicado su tamaño, divídela por la mitad y dale la preforma. Cúbrela con un plástico y déjala reposar de 10 a 30 minutos. Dale la forma final que desees y colócala con la unión hacia arriba en *bannetons* o en un *couche* enharinados. Cubre con un paño y luego un plástico y guárdala en el frigorífico de 8 a 24 horas.

Hornea siguiendo las instrucciones de las páginas 38-40.

PAN DE CÚRCUMA Y PUERRO

PARA 2 HOGAZAS

La *Curcuma longa*, o cúrcuma, es una especia culinaria relacionada estrechamente con el jengibre muy apreciada por sus propiedades curativas y antiinflamatorias. Su principal componente activo, la curcumina, ha demostrado cualidades para la prevención de muchas afecciones y ayuda a aliviar los síntomas de enfermedades crónicas, especialmente la artritis. Combinada con otras especias como la pimienta negra, que ayuda a la absorción, y con miembros del género *Allium* con propiedades anticancerígenas, crea un pan potente con un sabor y una presentación impresionantes. Con esta hogaza se pueden preparar sándwiches deliciosos con diversos rellenos, entre ellos ensalada de huevo al curri.

Para la levadura
50 g de iniciador con una
   hidratación del 100%
50 g de agua
50 g de harina de panadería

Para la masa
150 g de levadura
525 g de agua
485 g de harina de panadería
150 g de harina de trigo
   de alta extracción
75 g de harina integral de trigo
40 g de harina media de centeno
15 g de sal

Relleno
185 g de puerros o de cebollas
   shimonita, en rodajas
   de 2,5 cm
40 g de aceite de oliva virgen extra
½ cucharadita de cúrcuma molida
½ cucharadita de pimienta negra
50 g de chalotas, en dados
10 g de semillas de amapola
15 g de semillas de lino

Prepara el relleno: coloca los puerros, el aceite, la cúrcuma y la pimienta en una sartén a fuego medio y saltea hasta que los puerros estén blandos y empiecen a dorarse, de 5 a 7 minutos. Apaga el fuego y agrega las chalotas y las semillas. Cubre y guarda en el frigorífico hasta su uso.

Prepara la levadura: de 8 a 10 horas antes de hacer la masa, prepara la levadura. En un bol grande, mezcla el iniciador y el agua, formando una pasta. Añade la harina y agita con una cuchara hasta conseguir una mezcla uniforme. Cubre y deja fermentar a temperatura ambiente.

Prepara la masa: cuando la levadura tenga burbujas y esté activa, añade el agua y agita para mezclar. Añade las harinas y mezcla a mano hasta que estén hidratadas y no queden grumos. Cubre con un plástico y deja que autolice durante 20 minutos. Espolvorea la sal y mezcla hasta que se incorpore completamente a la masa. Añade la mezcla de puerros y trabaja la masa hasta que no queden vetas amarillas. Deja que aumente el volumen de 3 a 4 horas, volteándola y plegándola cada 30 minutos.

Dale forma a la masa: cuando el tamaño de la masa casi se haya duplicado, colócala sobre una superficie de trabajo ligeramente enharinada. Divídela por la mitad y dale la preforma. Cúbrela con un plástico y déjala reposar de 10 a 30 minutos. Dale la forma final que desees y colócala en un *banneton* o *couche* bien enharinado. Cubre con un paño y luego un plástico y deja en el frigorífico hasta 24 horas.

Hornea siguiendo las instrucciones de las páginas 38-40.

NAAN AL AJO CON COMINO NEGRO

PARA 6 TORTAS

La *Nigella sativa*, o comino negro, es una planta autóctona del dur de Asia, pero sus semillas ya eran sumamente apreciadas en el antiguo Egipto. La *Nigella* tiene una exótica flor blanca o azul celeste rodeada de hojas en forma de plumas que se extienden más allá de los órganos florales y que dan lugar al nombre por el que se la conoce comúnmente: arañuela. Las pequeñas semillas negras cosechadas de la *N. sativa* son deliciosamente aromáticas y confieren un extraordinario sabor picante a estas tortas, que son un acompañamiento exquisito para platos de la cocina india o de Oriente Medio.

Puedes hornear estas ricas tortas en una piedra de horno precalentada o en una parrilla al aire libre para conseguir un sabor auténtico.

400 g de iniciador con una hidratación del 100%, refrescado (alimentado)	15 g de azúcar granulado	2 cucharaditas de semillas de comino negro
225 g de agua	425 g de harina común	Mantequilla fundida (opcional)
55 g de aceite de oliva virgen extra	9 g de sal marina	
90 g de yogur entero	1 cabeza de ajo verde o un puñado de tallos de ajo, picados finamente	

En un bol grande, mezcla el iniciador, el agua, el aceite, el yogur y el azúcar. Añade la harina y mezcla hasta que esté completamente hidratado y no queden grumos. Cubre con plástico y deja autolizar durante 30 minutos. Espolvorea con sal y mezcla para incorporarla a la masa. Añade el ajo y las semillas de *Nigella*. Cubre y deja que aumente el volumen de 3 a 4 horas a temperatura ambiente. Si lo prefieres, en lugar de esto, puedes cubrirla con un plástico y guardarla en el frigorífico hasta 36 horas.

Cuando la masa haya incrementado su tamaño considerablemente, precalienta la piedra en el horno, o en una parrilla, a 245 °C. Coloca la masa sobre una superficie bien enharinada, divídela en 6 trozos iguales y dales forma de bolas. Cúbrelas con un plástico mientras las amasas para impedir que se sequen. Con un rodillo de amasar enharinado, trabaja cada bola dándole una forma oblonga de alrededor de 6 cm de grosor y extiéndela sobre un *couche* enharinado. Cubre para que suba mientras el horno o la parrilla se calientan.

Coloca con cuidado cada trozo de masa sobre la piedra o la parrilla caliente, encajando todas las que puedas. Tuesta de 4 a 6 minutos por cada lado, hasta que la superficie esté un poco quemada y se le formen burbujas. Sácalas del horno o de la parrilla y, si lo deseas, úntales mantequilla. Sirve inmediatamente.

Allium spp.
(Ajo verde)

El ajo verde (llamado a veces ajo de primavera) es una versión blanda y menos picante del *Allium ophioscorodon* maduro y del *Allium sativum*, los bulbos de ajo de cuello duro y cuello blando, respectivamente, que todos conocemos. Estos tiernos bulbos con sabor dulzón a frutos secos, cosechados al principio de la primavera, cuando el ajar necesita una poda, se pueden emplear como una alternativa ligera a las cebollas o chalotas durante el horneado. No hace falta pelarlos; solo hay que eliminar la parte dura del tallo, picarlos y añadirlos a la masa. O puedes usar otras partes de la planta en distintos momentos de la estación: el ajete (o ajo tierno), los brotes antes de florecer o incluso un diente o dos del ajo maduro.

Pan de ortiga y cerveza

Para 2 hogazas

La *Urtica dioica*, conocida comúnmente como ortiga, se emplea desde hace mucho como medicina y fuente de alimento. No solo sirve de sustento para los seres humanos, sino que también es una de las fuentes alimenticias preferidas de los insectos benignos de la huerta y de las orugas de las mariposas. Es cualquier cosa menos tímida durante la cosecha, ya que la mayoría de las ortigas despliegan unas púas punzantes que crean una parestesia dolorosa. Se pueden cultivar otras variedades más delicadas,

pero las ortigas se expanden agresivamente por medio de rizomas subterráneos. Si no se controlan, se abrirán paso a través de los arriates, adueñándose de cualquier territorio libre. Si las zarzas que crecen sin control se cosechan sistemáticamente antes de que el florecimiento las vuelva duras y fibrosas, podrás disfrutar de una zona de vegetación perenne que ofrece una fuente deliciosa de verdura durante los meses primaverales. Protégete las manos con guantes al cosecharlas o recolectarlas y córtalas periódicamente para impedir que florezcan y para fomentar los brotes tiernos laterales.

Paradójicamente, las ortigas tienen componentes antiinflamatorios que se usan para tratar la artritis y están repletas de vitaminas A y C, hierro, manganeso, potasio y calcio. Pierden su capacidad irritante una vez cocidas y tienen un delicioso sabor parecido al de las espinacas. Usadas copiosamente en este pan, le proporcionan a la miga humedad con un sabor a levadura de cerveza. También se puede añadir mijo tostado y cocido para obtener un poco más de textura.

Para la levadura
30 g de iniciador con una hidratación del 100%
30 g de agua
55 g de harina integral de trigo

Para la masa
115 g de levadura
340 g de cerveza, a temperatura ambiente
85 g de agua
20 g de miel
½ cucharada de ralladura de naranja
400 g de harina de panadería
115 g de harina de trigo de alta extracción
50 g de harina de mijo
11 g de sal marina

Relleno
60 g de ortigas, lavadas, secas y picadas

Prepara la levadura: de 8 a 10 horas antes de hacer la masa, prepara la levadura. Combina el iniciador con el agua en un bol grande y mezcla formando una pasta. Añade la harina y mezcla hasta que esté hidratada y no queden grumos. Debería parecerse a una masa dura. Cubre con un plástico y deja que fermente a temperatura ambiente.

Prepara la masa: cuando la levadura haya aumentado su tamaño y esté activa, añade la cerveza, el agua, la miel y la ralladura de naranja y desmenuza la levadura con los dedos. Agrega las harinas y mézclalas a mano hasta que estén hidratadas y no queden grumos. Cubre con un plástico y deja que autolice durante 20 minutos. Espolvorea sal sobre la masa y mézclala hasta que esté totalmente incorporada. Añade las ortigas. Cubre con un plástico y deja que el volumen se incremente de 3 a 4 horas, volteándola y plegándola cada 30-45 minutos.

Dale forma a la masa: cuando la masa haya aumentado de volumen y esté activa, colócala sobre la encimera. Divídela por la mitad y dale la preforma. Cúbrela con un plástico y déjala que repose de 10 a 30 minutos. Dale la forma final que desees y colócala con la unión hacia arriba en *bannetons* enharinados o en un *couche*. Cubre con un paño y luego un plástico y refrigera durante 8 horas.

Hornea siguiendo las instrucciones de las páginas 38-40.

PAN DEL LABRADOR

PARA 2 HOGAZAS

Cuando empecé a aprender el oficio de panadera, Internet fue uno de mis mejores recursos. Sentía curiosidad por la historia de esa comida llamada «el almuerzo del labrador» y utilicé la red para informarme rápidamente. Como suele suceder con Internet, descubrí un argot urbano bastante grosero y divertido con connotaciones eróticas que me causó una impresión memorable. Por eso al crear esta masa sensual, decidí utilizar el mismo nombre. La verdad es que todo esto es mucho más interesante que la clásica definición que dan los diccionarios de «un pan para acompañar un almuerzo inglés frío». Para preparar este pan, mi harina común favorita es la que se elabora con trigo de Sonora. Si no puedes conseguir esa estupenda harina cremosa, te servirá cualquier variedad de harina suave.

Para la levadura

30 g de iniciador con una
    hidratación del 100%
50 g de agua
50 g de harina de panadería

Para la masa

525 g de agua
325 g de harina de escanda
    menor, fina o tamizada
230 g de harina de panadería

100 g de harina común
130 g de levadura
13 g de sal marina

Prepara la levadura: de 8 a 10 horas antes de hacer la masa, prepara la levadura. En un bol grande, mezcla el iniciador y el agua para formar una pasta. Añade la harina y mézclala a mano. Debería estar un poco dura. Cubre y deja que fermente a temperatura ambiente.

Prepara la masa: combina el agua y las harinas en un bol mediano y mezcla hasta que estén hidratadas y no queden grumos. Cubre con un plástico y deja que autolice durante 1 hora, permitiendo que las proteínas del gluten se unan y la masa se vuelva más fuerte.

Espolvorea una parte de la sal y mezcla con las manos hasta que esté completamente incorporada. Cubre con plástico y deja que autolice de 20 a 30 minutos.

Espolvorea el resto de la sal sobre la masa y mezcla hasta que esté totalmente incorporada. Cubre y deja que el volumen se incremente durante 1 hora, volteando y plegando la masa cada 30 minutos. Voltéala y pliégala una vez más, cúbrela con un paño y luego con un plástico y colócala en el frigorífico para que el volumen termine de incrementarse.

Dale la forma al pan: tras retardar la masa de 6 a 8 horas en el frigorífico, colócala en una superficie bien enharinada. Cúbrela con un plástico y deja que repose durante 30 minutos. Dale la forma final que desees y colócala con la unión hacia arriba en *bannetons* bien enharinados. Se necesitará 1 hora más aproximadamente para la subida final antes de que haya subido por completo y esté lista para el horno.

Hornea siguiendo las instrucciones de las páginas 38-40. Debido a la elevada humedad de esta masa, hay que bajar la temperatura del horno a 220 °C tras los primeros 20 minutos, si estás utilizando un horno holandés, o tras los primeros 12 a 14 minutos si estás usando una piedra de horno.

PIZZA DE BROTES DE HELECHO

PARA 1 PIZZA DE 25 CM

Hace unos cuantos años hice un viaje a Maine con un amigo leñador para escalar el famoso monte Katahdin. Llovió todos los días, menos uno, y tuvimos la suerte de ver el Knife´s Edge* entre las nubes mientras nos apresurábamos a ponernos a salvo antes del siguiente chaparrón. Este fue uno de los momentos cumbre del viaje, ¡pero nos eclipsó la copiosa cantidad de helechos y setas a nuestros pies! Jamás había visto un bosque así: parecía sacado de un cuento de hadas. Por suerte, mi amigo conocía bien las setas, y en cada comida degustábamos algunas de las que recogíamos por el camino.

La *pizza* es una de las comidas más fáciles y reconfortantes que pueden realzar cualquier ingrediente de la temporada que tengas a mano. Los helechos y las setas como las enokitake, los rebozuelos y las trompetas de la muerte se usan aquí con berros con objeto de darles consistencia. También puedes emplear cereales integrales para la base con escasa diferencia, pero en esta receta prefiero la harina 00 finamente molida por su sabor sencillo y limpio y por su rendimiento. Lo que viene a continuación es una clásica base de masa madre que requiere unos 10 minutos de actividad. Tiene un interior ligero y esponjoso y una textura ligeramente correosa. Si no puedes conseguir harina 00, podrías sustituirla por harina común.

Delice des Cremiers con trufas es un delicioso queso de vaca con el triple de nata que constituye una elección exquisita para esta *pizza*. Puedes conseguirlo en tiendas de alimentos *gourmet*. Si no dispones de este queso, en un momento de apuro podrías utilizar otras variedades, como *taleggio*, robiola, *mozzarella*, o un sencillo queso de cabra desmenuzado.

Para la masa de la *pizza*
30 g de iniciador con una
   hidratación del 100%,
   refrescado (alimentado)
130 g de agua
5 g de aceite de oliva virgen extra
180 g de harina Antimo
   Caputo 00
Una pizca generosa de sal marina

Para la *pizza*
30 g de aceite de oliva virgen extra
8-10 manojos de berros de agua
70-80 g de pesto de hierba ajera
(página 209)

4 lonchas de *prosciutto* (opcional)
1 puñado de setas silvestres
13-15 helechos
150-175 g de *Delice des Cremiers*
   con trufas

Prepara la masa: mezcla el iniciador, el agua y el aceite en un bol pequeño 8 horas antes de hornear la *pizza*. Añade la harina y la sal y mezcla hasta que la harina esté completamente hidratada y se forme una masa blanda. Saca la masa, limpia el bol y engrásalo ligeramente con aceite, vuelve a poner la masa y extiéndela por el bol para que se empape de aceite.

Cúbrela con un plástico y déjala a temperatura ambiente hasta que aumente su tamaño como mínimo al doble.

Prepara la *pizza*: precalienta el horno a 285 ºC (¡o lo más caliente que puedas!) y prepara la masa de la *pizza*.

*N. del T.: la senda más famosa hacia la cumbre que atraviesa la cordillera entre el pico Pamola y el pico Baxter.

Saca la masa del bol, colócala sobre una superficie bien enharinada y dale golpecitos. Presiona desde el centro hacia fuera con las yemas de los dedos enharinadas, teniendo cuidado de dejar el borde voluminoso y sin tocar. Cuando tenga la mitad del volumen que deseas, pásala a una bandeja recubierta de papel de hornear y harina de maíz o a una paleta para *pizza* en la que hayas espolvoreado generosamente harina de maíz. Trabaja la masa hasta que estés satisfecho con su grosor.

Reserva un puñado de berros para adornar al final y mezcla el resto con el aceite. Escurre el exceso de aceite sobre la masa y usa una brocha de repostería para untarlo por toda la superficie. A continuación aplica el pesto uniformemente, dejando un borde de casi 4 cm. Coloca primero el jamón y pon luego sucesivamente las capas de berros, setas y helechos. Aderéza con el queso.

Si te atreves a saltarte el paso del papel de hornear y en lugar de eso prefieres preparar la *pizza* directamente sobre la pala, agítala antes de meterla en el horno para asegurarte de que no se pegue. También puedes hacer la *pizza* a la piedra con el papel de hornear. Hornéala de 12 a 14 minutos (debes rotarla cuando haya transcurrido la mitad de ese tiempo), hasta que el queso esté burbujeando y la masa adquiera un tono dorado. Si la prefieres un poco más quemada, quita el papel y déjala hacerse a la parrilla durante los últimos 2 o 3 minutos. Adorna con berros y sirve caliente o a temperatura ambiente.

Pesto de hierba ajera

Para 300 g

La *Alliaria petiolata* es una hierba invasiva cuyas hojas gruesas en forma de corazón brotan a principios de la primavera. Coséchalas en el momento en que surgen para evitar el amargor, hazlo siempre antes de que florezcan.

80 g de hojas de hierba ajera joven
60 g de nueces, tostadas
3 dientes de ajo
50 g de queso parmesano rallado

100 g de aceite de oliva virgen extra
Zumo de 1 limón pequeño

½ cucharadita de guindillas en láminas
2 cucharaditas de sal

Pon la hierba ajera en remojo y lávala bien. Elimina los tallos y las hojas grandes que puedan estar amargas. En el bol de un procesador de alimentos mezcla las nueces con el ajo y pícalo todo gruesamente. Añade la hierba ajera con el queso parmesano, el aceite, el zumo de limón, las guindilla en láminas y la sal. Procesa los ingredientes hasta formar una pasta líquida y uniforme, añadiendo más aceite a medida que lo necesites para alcanzar la consistencia deseada.

Tarta vernal con base de avellana

Para 1 tarta de 21 x 28 cm

Si se utilizan de manera adecuada estas verduras del inicio de la primavera, con su potente olor a ajo y su pronunciado sabor a cebolla, pueden alegrar cualquier plato, desde el pesto hasta el quiche. Empleadas aquí en una deliciosa tarta primaveral, su sabor queda suavizado por el relleno de setas y queso de cabra. Cuando no puedas conseguir puerros silvestres, obtendrás un sabor y una presentación igualmente deliciosos utilizando en su lugar acelgas.

Para la costra de avellana

130 g de avellanas crudas
15 g de azúcar crudo
150 g de harina integral de trigo
85 g de mantequilla fría sin sal
100 g de iniciador con una
    hidratación del 100%
30-40 g de vodka o agua, helados

Para el relleno

45 g de cebolla, picada
200 g de setas cremini, picadas
30 g de aceite de oliva virgen extra
¼ de cucharadita de nuez
    moscada o macis molidas
½ cucharadita de sal
Pimienta negra al gusto

115 g de queso fresco tierno
    de cabra
1 huevo grande, batido
2 cucharada de estragón fresco
    picado
320 g de puerros silvestres
    enteros, sin el tallo
320 g de acelgas

Prepara la base: en un procesador de alimentos, mezcla las avellanas y el azúcar y procesa hasta que estén finamente molidos. Añade la harina y mézclalo todo. Agrega la mantequilla en trozos y procesa hasta que se forme una harina gruesa. Usa una cuchara para distribuir uniformemente el iniciador en el bol del procesador y pulsa, añadiendo el agua o el vodka que se necesite, hasta que la masa empiece a formarse.

Saca la masa, colócala sobre una superficie de trabajo y amásala ligeramente una o dos veces, justo hasta que se vuelva compacta. Aplástala, forma un rectángulo de unos 15 × 20 cm y envuélvela con un plástico. Guárdala en el frigorífico durante un mínimo de 30 minutos y un máximo de 24 horas.

Precalienta el horno a 205 °C. Saca la masa del frigorífico y deja que se ablande a temperatura ambiente, unos 10 minutos. Sobre una superficie ligeramente enharinada, aplástala todo lo que puedas, manteniendo la forma de

rectángulo, y luego pásala al molde para tartas. Es mejor no extender esta masa. Presiónala para darle forma usando las yemas de los dedos, asegurándote de apretar por igual todos los lados. Pincha el fondo con un tenedor y hornea a ciegas durante unos 20 minutos, rotándola a mitad del proceso. Sácala del horno y déjala enfriar.

Prepara el relleno: en una sartén, saltea la cebolla y las setas en 15 g de aceite de 8 a 10 minutos y condimenta con nuez moscada, sal y pimienta al gusto. Estará listo cuando las cebollas muestren un bonito color dorado y el agua que sueltan las setas se haya evaporado. En un procesador, mezcla el queso de cabra, el huevo y el estragón hasta obtener una pasta homogénea. Pica los puerros silvestres y la acelga y saltéalos en una sartén con los 15 g restantes de aceite hasta que queden blandos, de 4 a 5 minutos. Escurre el exceso de agua.

Prepara la tarta: precalienta el horno a 205 °C. Extiende la mezcla de cebolla y setas uniformemente sobre la base enfriada. Esparce los puerros silvestres y la acelga por encima. Coloca en el horno.

Hornea de 10 a 12 minutos, hasta que los puerros y la acelga parezcan blandos pero sigan conservando el color de los tallos. Enfría completamente y sirve a temperatura ambiente.

● ●

Allium tricoccum (Ajo silvestre)

Soy reacia a recomendar el uso del *Allium tricoccum*, conocido también como ajo silvestre o puerro silvestre. Su ciclo de crecimiento es lento –tiene una germinación que requiere de seis a dieciocho meses– y, una vez germinada, la planta puede necesitar entre cinco y siete años para madurar desde la semilla. Nace naturalmente bajo la canopia de los bosques caducifolios occidentales de Norteamérica y la moda de su uso culinario ha llevado a una recolección excesiva de las plantas silvestres. Afortunadamente, su popularidad le ha permitido convertirse en un producto comercial viable.

● ● ● ● ● ● ● ● ● ●

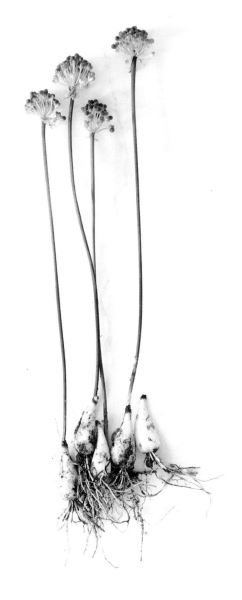

Empanada de cerdo y ruibarbo

Para 1 empanada de 18,5 x 25 x 6 cm

Al parecer, cuando tienes fama de usar bien un ingrediente, tus generosos y hambrientos amigos se encargan de proporcionártelo. Cada primavera, el cuidador del jardín de hierbas del Jardín Botánico de Brooklyn me regalaba cantidades ingentes de ruibarbos con la esperanza de que yo le correspondiera con algún producto horneado. Tuve que echar mano de la creatividad y esforzarme para no aparecer siempre con un postre dulce. Esta receta utiliza la acidez del ruibarbo para resaltar los sabores fuertes y especiados del cerdo asado. El dulzor de la fruta seca suaviza el ruibarbo, que, adornado con una corteza dorada laminada, se convierte en un sabroso manjar de la estación.

En primavera siempre hay mucho ajetreo en el huerto, por muy preparado que creas estar tras un largo invierno planificando. Reservo esta receta para los días en los que sé que no tendré tiempo para hacer la cena. Usando una olla de cocción lenta las especias penetran más fácilmente en la carne tierna, que suele estar lista para cuando vuelvo a casa y me quito las botas llenas de barro. Hay que preparar la masa de hojaldre de antemano y guardarla en el frigorífico durante un mínimo de 30 minutos y un máximo de 12 horas. También puedes usar masa hecha con anterioridad que hayas congelado; solo tienes que descongelarla el día en que desees elaborar la empanada.

1 receta de masa de hojaldre rústica (página 115)

Para las chuletas de cerdo aliñadas con cacao
1½ cucharadas de cacao en polvo
1 cucharadita de canela molida
½ cucharadita de comino molido
¼ de cucharadita de clavo molido
½ cucharadita de guindilla en láminas
½ cucharadita de orégano seco
3 dientes de ajo, picados
1 cucharadita de ralladura de naranja
1 trozo de 2,5 cm de jengibre fresco, rallado

1 kg de chuletas de cerdo al estilo campestre, con hueso
½ cucharadita de sal marina
2 cucharaditas de aceite de oliva virgen extra
40 g de miel oscura
El zumo de 1 naranja
1 chalote, picado

Para el relleno de cerdo
Chuletas de cerdo aliñadas con cacao (ver arriba)
370 g de ruibarbo fresco, picado en trozos de 2,5 cm
45 g de puerro, picado en trozos de 2,5 cm

50 g de cerezas secas o de pasas doradas
½ cucharadita de canela molida
¼ de cucharadita de nuez moscada molida
¼ de cucharadita de pimienta de Jamaica molida
15 g de harina común
½ cucharadita de sal marina
25 g de miel suave
15 g de vinagre de vino tinto
75 g de caldo de pollo

Para el barniz
1 yema de huevo grande
Una pizca de nata

Prepara la masa de hojaldre y enfría, o déjala descongelar si está congelada.

Prepara las chuletas de cerdo aliñadas: En un bol, mezcla el cacao en polvo y las especias. Añade el ajo, la ralladura de naranja y el jengibre y mézclalo todo. Si tienes un almirez, machaca los ingredientes hasta formar una pasta; si no, puedes picarlos en un procesador de alimentos. Condimenta las chuletas de cerdo con la sal y rebózalas en la mezcla de especias. Para obtener un mejor sabor, déjalas reposar

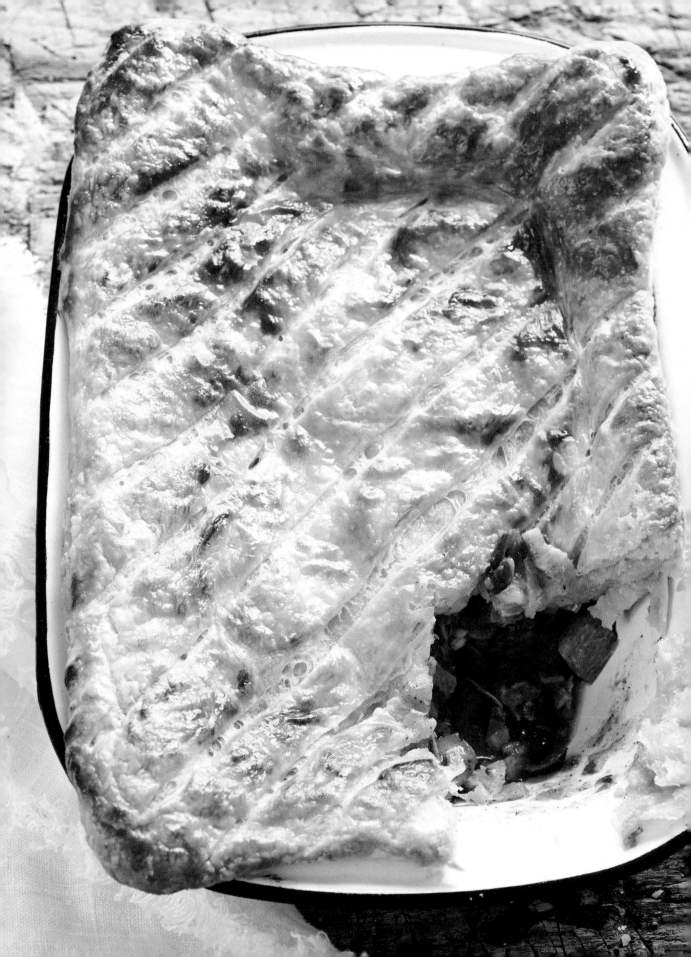

durante al menos 30 minutos o toda la noche en el frigorífico.

Calienta el aceite a fuego alto en una sartén. Reduce el fuego a medio y dora las chuletas, unos 3 o 4 minutos por cada lado. Sácalas de la sartén y pásalas a una olla de cocción lenta. Añade la miel, el zumo de naranja y el chalote, y cocina a fuego lento durante unas 8 horas.

Prepara el relleno de cerdo: precalienta el horno a 220 °C. Deshuesa las chuletas de cerdo aliñadas, tritúralas y apártalas. En una olla, mezcla el ruibarbo, los puerros, las cerezas, las especias, la harina y la sal. Añade la miel, el vinagre y el caldo de pollo y cocina a fuego medio hasta que esté tierno. Apaga el fuego, añade la carne picada de cerdo y mezcla bien.

Prepara la empanada: pasa el relleno de cerdo a la fuente para hornear.

Extiende la masa de hojaldre hasta que alcance un grosor de 0,5 cm a 2 cm. Cubre el relleno con la masa, dejando que sobresalga solo un poco de la fuente. Para elaborar el barniz mezcla en un bol pequeño la yema de huevo y la nata. Puedes emplear cualquier exceso de masa de hojaldre para crear hermosas figuras, como hojas o rosetones, en la parte superior de la empanada. Usa el barniz como cola para adherir la decoración. O simplemente traza un patrón bonito en la superficie de la masa con un cuchillo. Pinta toda la masa con barniz de huevo.

Hornea de 50 a 60 minutos, o hasta que la masa adquiera un color dorado profundo y las capas se desmenucen al pincharla con un cuchillo. Sirve caliente.

TARTALETAS DE PRIMAVERA

PARA APROXIMADAMENTE 8 TARTALETAS DE 7 x 10 CM

Los guisantes y los espárragos son candidatos frescos de la temporada perfectos para servirlos sobre un lecho de masa de hojaldre untada con queso *ricotta*. Estas pequeñas tartaletas adornadas con «microverduras» quedan tan bonitas que da lástima comérselas. Si quieres preparar este plato tras el solsticio de verano, intenta sustituir el aderezo de verduras por rodajas finas de calabacín, alcaparras, pimientos rojos y flores de calabaza.

Hay que preparar de antemano la masa de hojaldre y refrigerarla durante un mínimo de 30 minutos y un máximo de 12 horas.

Uno de los primeros productos que aparecen en los mercados agrícolas en primavera son las microverduras. Dispersos entre los restos de los últimos tubérculos, nudosos, aparecen estos brotes entusiastas en diversos colores, texturas y fases de vida. Crean un contraste sorprendente con los productos agrícolas que sobreviven al invierno, y aunque aún haya que abrigarse por las noches, son la prueba de que la estación está cambiando.

1 receta de masa de hojaldre rústica (página 115)

Para el relleno
125 g de queso *ricotta* fresco
1 huevo grande, batido
1½ cucharaditas de ralladura de limón
1 cucharadita de hojas frescas de tomillo

Una pizca de sal marina y pimienta negra
4 tallos de espárragos
50 g de guisantes desgranados
15 g de aceite de oliva virgen extra

Para el barniz
1 yema de huevo grande
Una pizca de nata

Para el aderezo
Un manojo de microverduras, como la *Claytonia virginica* o la *Claytonia perfoliata*
15 g de vinagre de vino blanco o vinagre de arroz

Prepara la masa rústica y enfríala, o, si está congelada, deja que se descongele.

Precalienta el horno a 205 °C. Mezcla en un bol pequeño el queso *ricotta*, el huevo, la ralladura de limón, el tomillo, la sal y la pimienta hasta que formen una masa homogénea y apártala. Corta en cuatro trozos los tallos de espárragos. Colócalos en otro bol, con los guisantes y el aceite de oliva. Extiende la masa de hojaldre haciéndola unas 3 veces más larga que ancha (aproximadamente 15-18 × 43-46 cm). Recorta los bordes desiguales y divídela en ocho rectángulos uniformes de unos 7 × 10 cm. Pinta los bordes de los rectángulos con barniz de huevo. Extiende una generosa capa de mezcla de *ricotta* hasta aproximadamente 1,25 cm del borde. Con un cuchillo puntilla, marca ligeramente una línea a esa distancia de los bordes. Coloca 2 trozos de espárragos encima. En un bol pequeño, mezcla la yema y la nata para hacer el barniz de huevo y pinta con él el borde de las tartaletas.

Hornea durante unos 20 minutos, o hasta que la masa tenga un color dorado profundo y el queso empiece a tostarse ligeramente. Saca del horno y mezcla los guisantes, las microverduras y el vinagre. Usa esta mezcla para aderezar las tartaletas y sirve inmediatamente.

Bollitos de diente de león y cebollino

De 6 a 8 bollitos

Tardé mucho en encontrar un lugar en Nueva York en el que me sintiera como en casa. Mientras iba de un lado a otro, me preguntaba cómo se me había ocurrido cambiar mi pequeña cabaña en el bosque del este de Tennessee por una jungla de cemento. Finalmente aterricé en un apartamento de una casa compartida por un grupo de gente ecléctica y abierta. Un cervecero, un aficionado a hacer encurtidos, y el mayor entusiasta del pan que he conocido nunca se juntaban para ofrecer magníficas barbacoas en el jardín y algunas comidas comunales extraordinariamente deliciosas.

La primera vez que preparé estos bollitos fue para una celebración de Pascua. Mi primera receta era buena, pero no lo que había esperado conseguir. Fermentar con masa madre puede hacer que algunas recetas tradicionalmente ligeras y esponjosas se vuelvan un poco más pesadas. Con unos mínimos ajustes, se vuelven no solo sabrosas sino lo bastante nutritivas para compartirlas con tus amigos. La clave es trabajar con ingredientes a temperatura ambiente, de manera que hay que sacarlos del frigorífico con antelación. El mejor molde para hornear es uno para bollitos, pero unos *ramekins** bien engrasados o un molde para *muffins* también servirán.

120 g de harina de panadería	25 g de mantequilla sin sal, fundida y enfriada	3 cucharadas de hojas de diente de león picadas
¾ cucharadita de sal	15 g de miel suave	3 cucharadas de cebollinos frescos picados
3 huevos grandes, batidos	100 g de iniciador con una hidratación del 100%	
100 g de suero de leche		
125 g de leche entera		

Engrasa ligeramente el molde para bollitos y colócalo en el horno mientras lo precalientas a 232 °C. En un bol mediano, mezcla bien la harina y la sal. En otro recipiente grande, bate los huevos, el suero de leche, la leche, la mantequilla y la miel. Incorpora el iniciador y bate con un tenedor hasta que se mezcle. Añade el diente de león y el cebollino cortados y remueve. Agrega los ingredientes secos a los húmedos en tres tandas, removiéndolos para mezclarlos.

Saca el molde del horno y llena con la mezcla unas tres cuartas partes de cada hueco. Hornea durante unos 15 minutos y luego baja la temperatura a 175 °C. Hornea durante otros 20 minutos, o hasta que la superficie adquiera un color dorado oscuro. Es mejor servirlos directamente del horno.

*N. del T.: moldes pequeños de cerámica o cristal; los más populares son las flaneras.

· ·

Arctium lappa (Bardana)

Si alguna vez has hecho una excursión y al regresar a casa tenías unas púas grandes pegadas a la ropa o al pelo de tu perro, es probable que te hayas tropezado con esa planta conocida generalmente como bardana. No dejes que esas semillas tan persistentes te molesten; la *Arctium lappa* es una de las hierbas más bonitas que puedes encontrar, con un sabor versátil y propiedades medicinales. Sus hojas grandes, onduladas, en forma de corazón crean una roseta basal que puede llegar a tener un metro de diámetro y causa un gran impacto en el paisaje. Es fácil identificarla y no suele confundirse con otras plantas, ya que las hojas tienen una broza blanca suave que contrasta con el verde rugoso de la parte axial o superior. Esta expresiva planta bienal aparece con frecuencia en el campo a lo largo de caminos y zonas que, de no ser por ella, tendrían un exceso de vegetación y, a menudo, en los linderos del bosque. En los últimos años me he acostumbrado a tomarla por sus propiedades depurativas. En un momento en el que el

hígado está trabajando con todas sus fuerzas (lo que se manifiesta en forma de alergias estacionales), la bardana está madura para la cosecha y ayuda a estimular, proteger, y restaurar el organismo.

· ·

HAMBURGUESAS DE BARDANA

PARA 7 HAMBURGUESAS DE 10 CM

Cuando los tallos de bardana se recogen a finales de la primavera, tienen siempre un sabor a frutos secos parecido al de los corazones de alcachofa. Esta receta los combina con lo mejor del resto de la temporada: puerros silvestres, brotes de cebollino, perejil y un poco de manzana para preparar una hamburguesa vegetal. Recoge 3 o 4 tallos antes de que salgan los brotes y cuando no sean más altos de 25 a 30 cm para asegurarte de que tengan un sabor suave. Si son más cortos, estarán más tiernos, pero necesitarás 5 o 6 tallos para esta receta.

100 g de tallos de bardana de 25 cm

40 g de manzana (alrededor de ½ manzana), finamente picada

4 puerros silvestres enteros, finamente picados

10 cabezas de brotes de cebollino, totalmente abiertas y con los ramilletes separados

200 g de lentejas cocidas y escurridas

40 g de migas de pan gruesas

1½ cucharadas de perejil fresco picado

1 cucharadita de sal

3 huevos grandes

100 g de iniciador con una hidratación del 100%

½ cucharada de salsa picante, o al gusto

15 g de aceite de oliva virgen extra

Para preparar la bardana, separa las hojas y las ramas del tallo principal (todo esto es comestible, pero suele estar un poco amargo; lo que sí puedes hacer es hervirlo y comerlo encurtido como un manjar saludable). Pela con el cuchillo las nervaduras en forma de hebras, de modo que solo quede el pedúnculo interno. Corta ese pedúnculo en trozos de poco más de 0,5 cm y viértelos en una olla. Cúbrelos con agua y hiérvelos durante unos 20 minutos o hasta que estén tiernos. Escúrrelos, enjuágalos y colócalos en un bol mediano. Añade la manzana, los puerros silvestres, los brotes de cebollinos, las lentejas, las migas de pan, el perejil y la sal. Mezcla bien. En otro bol, bate los huevos, el iniciador y la salsa picante con un tenedor hasta combinarlo todo. Añade la bardana y mezcla bien.

Vierte el aceite en una sartén o en un recipiente de hierro fundido y calienta a fuego medio-alto de 1 a 2 minutos. Con una cuchara, vierte una porción de mezcla en la sartén y usa una espátula para formar una hamburguesa de 10 cm y alrededor de 1,30 cm de grosor. Repite varias veces la operación hasta llenar la sartén dejando un espacio de 1,30 cm entre ellas. Cocina de 4 a 5 minutos por cada lado, hasta que adquiera un agradable color marrón uniforme. Estas hamburguesas están deliciosas servidas calientes o frías y se mantienen bien en el congelador hasta unos pocos meses si se guardan envueltas y en un recipiente hermético. Yo prefiero comerlas acompañadas de una salsa sabrosa, pero también se pueden comer en sándwich.

Bizcochos de suero de leche

Para 9 bizcochos

Mi madre suspira siempre que le pido su receta del bizcocho. Pacientemente, me recuerda las sabias palabras que mi abuela (una mujer grande, rústica y hermosa que parecía sacada de un cuadro de Rubens) le dedicaba cuando ella le hacía la misma petición. La abuela insistía en que si preparabas bizcochos con la suficiente frecuencia, aprenderías la receta. Bien, de acuerdo. Pero no puedo emplear esas palabras para explicar la receta, ¿verdad? Una cosa es la ambigüedad, y otra la intuición a la hora de utilizar los ingredientes, pero la abuela ni siquiera revelaba las medidas aproximadas. Después de una media docena de conversaciones telefónicas en las que me ofreció pocas pistas aparte de «textura desmenuzada», «trabaja la masa con rapidez» y «horno caliente», consulté con otras de mis fuentes sureñas. Tras un debate bastante acalorado, opté por omitir el crisco hidrogenado que se hizo popular durante la posguerra y que, por extraño que parezca, sigue aún vigente. Aunque la madre de mi padre, la abuela Owens, insistía en que la mejor grasa era la manteca de cerdo, yo prefiero usar una mantequilla pura, sin adulterar, para obtener una textura laminada. Si puedes conseguir mantequilla refinada cruda, esta se acercará probablemente más a la misteriosa receta de mi familia. ¡Pero nunca será mejor que la de mi madre!

230 g de harina común
1 cucharadita de levadura en polvo

½ cucharadita de bicarbonato
½ cucharadita de sal marina
130 g de mantequilla sin sal

200 g de iniciador con una hidratación del 100%, frío
120 ml de suero de leche frío

Precalienta el horno a 230 °C. En un bol grande o en un procesador de alimentos, mezcla la harina, la levadura en polvo, el bicarbonato y la sal.

Corta la mantequilla o procésala hasta que la mezcla se asemeje a unas migas gruesas del tamaño de guisantes. Trabajando rápidamente, agrega el iniciador y mézclalo. Por último, incorpora el suero de leche, poco a poco, hasta que la masa se vuelva compacta. Colócala sobre una superficie enharinada ligeramente y amasa con suavidad unas cuantas veces hasta que adquiera consistencia. Hazlo con rapidez y ligereza, teniendo cuidado de no trabajarla en exceso ni calentar la mantequilla con las manos. Dale golpecitos para llevarla a un grosor de 3 cm. Usando un molde de bizcochos enharinado de 9 cm, corta los bizcochos. Si quieres darles una consistencia más tierna y esponjosa, colócalos pegados unos a otros en una bandeja de hornear engrasada con mantequilla. Si prefieres una masa más crujiente, ponlos en una bandeja recubierta dejando un espacio entre ellos. Hornea de 13 a 15 minutos, hasta que alcancen un color dorado. Sírvelos calientes.

SCONES SABROSOS DE BERZA

PARA 8 ESCONES

Para esta receta prefiero usar la berza enana o la col lacinato italiana porque es fácil trabajarla en la masa. La col rizada o rusa también funciona bastante bien y puede proporcionar un hermoso acabado. Quizá te preguntes cómo es posible incorporar toda la berza que se usa en esta receta, pero no te preocupes porque encoge mucho al cocinarla. Además de producir unos *scones* saludables y nutritivos, esta receta es perfecta si tienes un iniciador que ha de refrescarse y no quieres desperdiciar nada.

Para la masa
100 g de harina pastelera
   de trigo integral
115 g de harina común
1 ½ cucharaditas de levadura
   en polvo
1 cucharadita de bicarbonato
½ cucharadita de sal marina

60 g de mantequilla fría, cortada
   en trozos de 2,5 cm
45 g de queso rallado parmesano
   o asiago
200 g de iniciador con una
   hidratación del 100%
60 g de leche entera
2 huevos grandes

Para el relleno
60 g de cebolla (verde o roja
   a ser posible), picada
100 g de setas, picadas
75 g de berza, picada

Para el barniz
1 yema de huevo grande
Una pizca de nata

Precalienta el horno a 200 °C. Mezcla las harinas, la levadura en polvo, el bicarbonato y la sal en un bol mediano o en un procesador de alimentos. Corta o procesa la mantequilla y el queso parmesano hasta que se formen migas gruesas del tamaño de guisantes. En otro bol, mezcla el iniciador, la leche y los huevos, y bátelos hasta que alcancen una consistencia espesa. Añade los ingredientes secos y mézclalos o procésalos hasta que la masa empiece a formarse.

Extiende la masa sobre una superficie ligeramente enharinada y amasa unas cuantas veces para lograr que quede compacta. Aplástala y forma un rectángulo de 10 × 15 cm y esparce por encima parte de la cebolla y las setas. Añade una capa de berza y dobla la masa por la mitad y aplánala. Sigue colocando capas y doblando hasta que todos los ingredientes estén incorporados. Si la masa empieza a desmenuzarse, usa los dedos para volver a compactarla.

Cubre un molde redondo de tarta de 23 cm con un plástico y coloca la masa en él y presiónala, usando la palma para extenderla por el fondo aplicando una presión ligera desde el centro hacia el exterior. Ponla en el congelador de 10 a 15 minutos para que se endurezca. Saca el molde del congelador y déjalo boca abajo sobre la encimera. Levántalo, de modo que la masa quede sobre la encimera, y quítale el envoltorio de plástico. Con un cuchillo afilado de chef, corta la masa en cuatro partes y luego en ocho.

En un bol pequeño, bate la yema y la nata para hacer el barniz de huevo. Coloca los trozos de masa en una bandeja cubierta de papel de hornear, píntalos con el barniz de huevo y hornéalos de 25 a 30 minutos, hasta que estén dorado, rotando la bandeja a mitad del proceso para que se horneen uniformemente.

GALLETITAS DE CÍTRICO CONFITADO

PARA UNAS 4 DOCENAS DE GALLETAS DE 5 CM

El sabor y el color mantecoso y dorado del trigo khorasan es perfecto para este tipo de galleta. Estas galletitas son deliciosas acompañadas con un té a media tarde, pero esta receta también puede utilizarse como masa para tartas o pasteles. Puedes hacer infinitas variaciones sustituyendo las semillas de sésamo por chía y añadiendo una cucharada de tu hierba fresca favorita, como el tomillo, la lavanda o el romero. Si no tienes cítricos confitados a mano, una buena alternativa pueden ser los arándanos secos, la salvia y las semillas de amapola.

75 g de harina blanca de escanda
35 g de harina integral
    de escanda
35 g de azúcar glas
Una pizca de sal marina

85 g de mantequilla fría sin sal,
    en trozos de 2,5 cm
40 g de piel confitada de cítrico
(página 187)

100 g de iniciador con una
    hidratación del 100%
½ cucharada de semillas negras
    de sésamo
½ cucharada de azúcar granulado

Precalienta el horno a 190 °C. En un bol grande o en un procesador de alimentos, mezcla las harinas, el azúcar y la sal. Mezcla con la batidora o el procesador de alimentos la mantequilla fría y el cítrico confitado hasta que se formen migas del tamaño de guisantes. Añade el iniciador y mezcla hasta que la masa se vuelva compacta. Sácala del bol y amasa en la encimera con unos cuantos pases hasta que el iniciador esté incorporado y la masa se vuelva homogénea. No la trabajes excesivamente. Enróllala formando un cilindro y cúbrela con un plástico. También puedes formar un disco, dándole golpecitos, y envolverla con un plástico. Ponla en el frigorífico un mínimo de 30 minutos y un máximo de 3 días.

Saca del frigorífico y deja que repose durante unos cuantos minutos en la encimera. Usando un cuchillo afilado, corta el cilindro en galletas de poco más de 0,5 cm de ancho y colócalas sobre una bandeja revestida con papel de hornear. Si has hecho un disco, enróllalo hasta que tenga un grosor de poco más de 0,5 cm y usa un cortador de unos 3 cm (vuelve a enrollarlo si es necesario). Decora las partes superiores con las semillas de sésamo y espolvorea una cantidad generosa de azúcar.

Hornea de 11 a 13 minutos, hasta que los bordes estén dorados, rotando la bandeja aproximadamente a mitad del proceso. Estas mantecadas se conservan bien durante 1 semana en un recipiente hermético.

ROSQUILLAS DE PEREJIL Y HIERBAS

PARA 12 ROSQUILLAS

Nunca deja de sorprenderme la tenacidad del perejil en el jardín. Es una hierba a la que le encantan las temperaturas más frescas y que suele sobrevivir al invierno en muchos climas. En cuanto pasa el frío invernal, inmediatamente hace su aparición el perejil, desarrollando nuevas hojas tiernas con los primeros rayos de sol cuando los días se vuelven más largos. Tiene un sabor dulzón a hierba que deja un leve regusto en estas rosquillas, acentuado por cualquier otra hierba que tengas a mano. Lo más natural es utilizar la menta, pero el toronjil da también excelentes resultados. Si no dispones de un extractor de jugos, no te preocupes. Se puede sustituir el jugo de perejil por agua o leche, ¡pero las rosquillas no tendrán un color verde tan vivo!

Estas rosquillas pueden hornearse o freírse, aunque la textura y la consistencia serán radicalmente distintas. Si las horneas, tendrán una textura seca, parecida a la de los *scones*. Si las fríes con aceite de cacahuete o coco, o con grasa de cerdo, la superficie adquiere un color dorado formando una corteza crujiente que protege la miga, tierna y húmeda. De cualquier forma, constituyen un manjar excelente ¡y son una manera perfecta de aficionar a los niños a comer sano!

Para las rosquillas

115 g de mantequilla sin sal,
    reblandecida
45 g de perejil fresco
25 g de menta fresca entera
    o de hojas de toronjil
50 g de azúcar granulado

1 huevo grande
45 g de jugo de perejil fresco
45 g de leche entera
145 g de iniciador con una
    hidratación del 100%
360 g de harina común
Una pizca de sal

Para el glaseado

30 g de zumo fresco de naranja
½ cucharadita de extracto
    de vainilla
90 g de azúcar glas
Aceite de cacahuete (si las vas
    a freir)

Prepara las rosquillas: coloca la mantequilla reblandecida y las hierbas en una batidora o en un procesador de alimentos y mézclalas bien, pasando la espátula por los lados del recipiente cuando sea necesario. Añade el azúcar, el huevo, el jugo de perejil y la leche y bate para combinarlos. Agrega el iniciador y vuele a batir hasta formar una pasta. En un bol mediano mezcla la harina y la sal. Añade la mezcla de perejil a los ingredientes secos y, con la mano, forma con todo ello una masa blanda. Cúbrela con un plástico y déjala fermentar de 3 a 4 horas, estirando y plegando dos veces. La masa sudará y habrá subido de volumen cuando esté preparada para que la dividas, pero evita temperaturas excesivamente altas que provocan que la mantequilla se separe de la masa.

En una superficie bien enharinada, dale golpecitos a la masa hasta formar un disco de 25 cm con cerca de 2 cm de grosor. Con un cortador de rosquillas (o dos cortadores circulares; un de unos 9 cm y otro de unos 2,5 para los agujeros), corta los agujeros de las rosquillas. Sigue reutilizando la masa sobrante y cortando hasta que hayas hecho 12 rosquillas. Colócalas en una bandeja de hornear y cúbrelas con un plástico. Retarda durante la noche en el frigorífico y sácalas 1 hora antes de hornearlas o freírlas.

Prepara el glaseado: pon el zumo de naranja y el extracto de vainilla en un bol pequeño. Vierte en él el azúcar tamizado y mézclalo bien. Si quedan grumos, pásalo por un colador y vuelve a echarlo en el bol.

Para hornear las rosquillas: precalienta el horno a 200 ºC. Hornea las rosquillas durante unos 20 minutos, hasta que la base adquiera un color marrón dorado, rotando la bandeja a mitad del proceso. Sácalas y enfríalas en una rejilla durante 10 minutos; luego rebózalas en el confitado.

Para freír las rosquillas: calienta al menos 5 cm de aceite en una gran sartén de hierro fundido a fuego alto hasta que el termómetro marque 190 ºC, unos 10 minutos. Coloca con cuidado un máximo de 3 rosquillas en el aceite caliente y fríelas de 5 a 6 minutos, dándoles la vuelta a mitad del proceso. Cuando adquieran un color marrón dorado profundo, estarán listas para sacarlas. Escúrrelas en un plato revestido con papel absorbente. Déjalas enfriar durante 10 minutos, y a continuación rebózalas en el confitado. Asegúrate de que el aceite vuelve a estar a la temperatura adecuada antes de seguir friendo.

Es mejor comerlas el mismo día en que se preparan pero se conservan bien en un recipiente hermético.

Torta holandesa de fresas y cardamomo

Para 1 torta de 25 cm

Descubrí las tortas holandesas tarde, sentada en la barra de Ft. Defiance, uno de mis lugares favoritos para tomar un *brunch* tras una noche de fiesta. Cuando la pedí, me esperaba una tortita normal y corriente pero, aunque estaba medio dormida, se me abrieron los ojos de par en par al ver ese manjar delicioso servido en una cazuela de hierro fundido. Esta receta resulta muy fácil de preparar y es una manera estupenda de satisfacer las ganas de fruta en un *brunch* sin tener que sufrir los efectos del azúcar. Aquí usamos fresas, pero puedes sustituirlas por cualquier baya fresca o fruta suave como moras, frambuesas, melocotones o manzanas en una época más avanzada del año. Asegúrate de usar los ingredientes a temperatura ambiente para que la torta resulte más ligera.

3 huevos grandes
15 g de suero de leche
20 g de miel suave
125 g de iniciador con una hidratación del 100%

¾ de cucharadita de cardamomo molido
½ cucharadita de ralladura de limón
Una pizca de sal marina

15 g de mantequilla sin sal
115 g de fresas silvestres picadas
15 g de azúcar glas

Coloca una sartén de 25 cm en el horno y precaliéntalo a 245 °C.

Bate los huevos en un bol y añade el suero de leche, la miel y el iniciador. Con un tenedor, bate hasta que obtengas una masa bien mezclada. Si parece más bien una sopa de huevo, ¡sigue mezclando! Añade el cardamomo, la ralladura de limón y la sal y bate hasta que todo se mezcle bien. Saca la sartén del horno, añade la mantequilla y remueve para que se extienda por toda su superficie. Vierte enseguida la masa en la sartén y rápidamente distribuye las fresas por su superficie. Vuelve a ponerla en el horno, baja la temperatura a 230 °C y hornea de 12 a 15 minutos. Gira la sartén a mitad del horneado. Saca la torta del horno y pásala a una bandeja. Espolvorea el azúcar glas y sirve inmediatamente.

PASTEL DE FRESA Y CAFÉ

PARA 1 PASTEL DE 22 × 28 CM

Crecer en el este de Tennessee significa estar siempre rodeado de fincas frutales repletas de productos frescos de temporada. Cuando se abría la breve temporada de las fresas, frecuentábamos la finca de los Jones para llenar las cestas con todas las que pudiéramos y volvíamos a casa con las manos manchadas y la barriga hinchada, listas para hacer la mermelada. Durante mi adolescencia, me hice amiga de unas gemelas que vivían en la finca y pertenecían al club 4-H* de mi localidad. Nos pasábamos los días corriendo por el campo junto al río Clinch, recogiendo esas frutas que parecían joyas y molestando sin querer a los chorlitejos que estaban anidando.

Hoy en día, mi búsqueda de fresas ya no es tan bucólica, pero me he vuelto una experta en encontrarlas en los mercados agrícolas. Invariablemente, hay compradores madrugadores paseando a sus perros o jefes de cocina buscando los productos más frescos para su carta. Cuando llego, hay bastante entre lo que elegir, pero tengo que ser decidida. A las nueve de la mañana el público aumenta considerablemente, y estas joyas rojas desaparecen con rapidez. Las pocas que llegan a casa, demasiado blandas, terminan en un cóctel, una tarta de fresas y café o bien una compota o nos las comemos tal y como están.

Tanto si compras las fresas como si las cultivas, elige las variedades más pequeñas. Es preferible anteponer el sabor al tamaño. La receta se anima cuando le añadimos un poco de pimienta rosa porque adquiere otra capa de dulzor con un punto picante. En realidad, estas golosinas rosadas no tienen relación con la pimienta negra común sino que son la fruta de la *Schinus molle*, o árbol peruano de la pimienta, de la familia de los anacardos. Se trata de un postre fresco que, con jengibre y canela y un toque final de rosa, presenta una combinación sorprendente de sabores.

Para la cobertura de miga

65 g de harina pastelera
    de trigo integral
35 g de azúcar granulado
½ cucharadita de canela molida
25 g de copos de avena
45 g de mantequilla sin sal

Para la cobertura de fruta

480 g de fresas frescas pequeñas,
    en cuartos
45 g de azúcar mascabado
    (o crudo)

1½ cucharaditas de granos
    enteros de pimienta rosa
    recién molida, opcional
½ cucharadita de canela molida

Para el pastel

125 g de harina pastelera de trigo
    integral
½ cucharadita de jengibre molido
1 cucharadita de canela molida
1 cucharadita de levadura
    en polvo
½ cucharadita de bicarbonato
½ cucharadita de sal

85 g de mantequilla sin sal,
    reblandecida
75 g de azúcar granulado
1 huevo grande
110 g de miel
85 g de yogur entero
200 g de iniciador con una
    hidratación del 100%

Para la nata montada con agua de rosas

240 g de nata espesa
25 g de miel cruda
1 cucharadita (o al gusto) de agua
    de rosas (opcional)

Prepara la cobertura de miga: en un bol pequeño, mezcla la harina, el azúcar, la canela y la avena. Trabaja la mantequilla con los dedos hasta que se formen trozos grandes y apártala.

---

*N. del T.: 4-H es una organización juvenil de Estados Unidos, administrada por el Departamento de Agricultura. Las cuatro haches se refieren a *head, heart, hands* y *health* (cabeza —entendimiento—, corazón, manos y salud).

Prepara la cobertura de fruta: mezcla los ingredientes en un bol pequeño y aparta.

Prepara el pastel: precalienta el horno a 190 °C. Cubre el fondo de una bandeja con papel para hornear ligeramente engrasado, dejando que sobresalgan unos cuantos centímetros por los dos lados. En un bol mediano, mezcla la harina, las especias, la levadura en polvo, el bicarbonato y la sal. En un bol grande, mezcla la mantequilla y el azúcar, con una batidora de mano, hasta lograr una masa esponjosa y amarillenta, de 4 a 5 minutos. Agrégale el huevo, la miel y el yogur y bate hasta mezclarlo bien. Añade el iniciador y mezcla con un tenedor hasta lograr una masa uniforme. Vierte los ingredientes secos en la masa húmeda en tres tandas, teniendo cuidado de no mezclarlos excesivamente. Con una espátula, extiende la masa espesa por el molde, asegurándote de rellenar los huecos.

Extiende la cobertura de fruta sobre la masa, reservando cualquier zumo que quede en el bol. Espolvorea por encima la cobertura de miga. Hornea de 65 a 70 minutos, rotando a mitad del proceso, hasta que un palillo insertado en el centro salga limpio. La superficie debería tener un precioso color marrón dorado cuando el pastel esté listo. Antes de cortarlo deja que se enfríe completamente para permitir que la miga se fije.

Prepara la nata montada: cuando el pastel esté enfriándose, prepara la nata montada. En un bol que hayas enfriado previamente en la nevera, mezcla la nata, la miel y el agua de rosas, si deseas usarla. Conserva en un recipiente hermético hasta que estés listo para servirlo sobre el pastel con más fruta fresca.

Fragaria 'Lipstick' (fresa)

233

Tarta de rosas con miel

PARA 1 TARTA DE 23 CM

Esta es una tarta deliciosa empapada en un sirope de sabor a rosas con reminiscencias de las antiguas tradiciones culinarias de Turquía, Bulgaria, Grecia, Jordania y Egipto, por nombrar solo unas cuantas, y con infinidad de variaciones. Cúbrela con un toque de azúcar glas y decórala con pistachos y pétalos frescos o secos de rosa para darle una presentación que haga honor al punto álgido de la temporada de las rosas.

En lugar de la sémola gruesa tradicional, en esta receta se usa harina integral de escanda, un trigo duro originario del Creciente Fértil. Puedes utilizar cualquiera de las dos, pero yo prefiero el sabor de la escanda.

Para el sirope
120 ml de agua
340 g de miel suave
40 g de zumo fresco de limón (de aproximadamente 1 limón)
15 g (o al gusto) de agua de rosas

Para el pastel
170 g de harina integral de escanda
1 cucharadita de levadura en polvo
½ cucharadita de bicarbonato sódico
2 cucharaditas de cardamomo molido
½ cucharadita de sal marina
115 g de mantequilla sin sal, reblandecida
100 g de azúcar granulado
3 huevos grandes
220 g de yogur entero
20 g de miel suave
1 cucharadita de extracto de vainilla
150 g de iniciador con una hidratación del 100%

Para el aderezo
1 cucharada de azúcar glas
Un puñado de pétalos de rosa, lavados y secados
50 g de pistachos, tostados y picados

Prepara el sirope: mezcla el agua y la miel en una cacerola y calienta hasta que se disuelva. Aparta del fuego y añade el zumo de limón y agua de rosas. Aparta y deja enfriar.

Prepara el pastel: precalienta el horno a 190 °C. Engrasa y enharina un molde para hornear de 23 cm. En un bol pequeño, mezcla la harina, la levadura en polvo, el bicarbonato, el cardamomo y la sal. En otro bol, grande, mezcla la mantequilla y el azúcar con una batidora de mano hasta lograr una mezcla esponjosa de color claro, alrededor de 4 o 5 minutos. Agrega los huevos, el yogur, la miel y la vainilla y mezcla bien. Incorpora el iniciador y bátelo con un tenedor hasta que quede una masa homogénea. Agrega los ingredientes secos a la mezcla líquida en tres tandas, procurando no mezclarlos en exceso. No importa que queden grumos.

Extiende la masa por el molde preparado para tartas y hornea de 20 a 22 minutos, hasta que empiece a desprenderse. Sácala del horno y practica múltiples incisiones en la parte superior utilizando un palillo. Vierte el sirope sobre la tarta en 3 o 4 tandas, dejando que se empape cada una antes de proceder con la siguiente. Justo antes de servir, espolvorea el azúcar glas y decora con los pistachos y los pétalos. Puede conservarse cubierta durante varios días.

Rosa spp. (Rosa)

Como me he dedicado profesionalmente al cultivo de las rosas, me cuesta limitarme a introducirlas solo en unos cuantos postres de finales de la primavera. Mis rosas favoritas para cultivar y cosechar son las especies de un único pétalo y las románticas rosas del viejo jardín, con una historia que se remonta al siglo XVII. Por lo general poseen el clásico fuerte aroma a rosas y son las primeras de la temporada en brotar. Desde luego, son la principal atracción de esta tarta húmeda y pegajosamente dulce.

La más fragante de las rosas antiguas es la *Rosa x damascena*, cuyos misteriosos orígenes se remontan al siglo XIII en Oriente Medio. Muchas actividades giran en torno al cultivo y el uso de su aceite, entre ellas las aplicaciones culinarias.

Rosa Mme. *George Bruant*;
Rosa *Autumn Damask*;
Rosa *Caldwell Pink*;
Rosa *Sweet Frances*

CUPCAKES DE COCO Y LICHI

PARA 10 CUPCAKES

El *Litchi chinensis* es un árbol perenne tropical y subtropical de la familia del jaboncillo y es autóctono de China. Aunque se pueden conseguir lichis en lata, es mejor comer fresca su pulpa perfumada. Si tienes la suerte de vivir en algún lugar donde se cultiven, usa esta receta para rendirles honores en su estado más fresco y delicado, junto con el coco, su pareja natural. Glaseado con una manga pastelera y decorado con flores frescas, este es un *cupcake* delicadamente femenino con una fragancia levemente embriagadora.

Para los cupcakes

130 g de harina de repostería
1 cucharadita de levadura
Una pizca de sal marina
60 g de mantequilla sin sal, reblandecida
30 g de azúcar de coco
2 huevos
30 g de miel suave
½ cucharadita de extracto de vainilla
200 g de iniciador con una hidratación del 100%
70 g de coco fresco, finamente rallado
6 lichis frescos, pelados y sin semillas, picados gruesamente

Para el glaseado

170 g de queso crema, reblandecido
85 g de azúcar glas
85 g de nata espesa
30 g de miel suave
15 g de agua de rosas (opcional)

Para el aderezo

Flores comestibles, como pétalos de rosa, caléndula o brotes de fresas (opcional)

Prepara los *cupcakes*: precalienta el horno a 190 °C y engrasa ligeramente los moldes de *cupcakes* o de *muffins*. En un bol mediano, mezcla la harina, la levadura en polvo y la sal. En otro bol, mezcla con una batidora de mano, la mantequilla y el azúcar hasta lograr una masa clara y esponjosa, aproximadamente 5 minutos. Añade los huevos, la miel y la vainilla y bate hasta que se mezcle bien y se espese. Agrega el iniciador, batiéndolo con un tenedor, y a continuación el coco. Llena tres cuartas partes de los huecos del molde y hornea, rotando el molde a mitad del horneado, hasta que la superficie tenga un color marrón dorado y al introducir un palillo en el centro del *cupcake* salga limpio, de 18 a 20 minutos. Saca del horno y enfría.

Prepara el glaseado: mezcla el queso crema y el azúcar glas. En otro bol, bate la nata, la miel y el agua de rosas (si la usas) hasta que la mezcla quede esponjosa. Agrega el queso crema azucarado. Aplica el glaseado a los *cupcakes* una vez que se hayan enfriado y adorna con flores frescas comestibles. Es mejor servirlos el mismo día.

Un pequeño toque especial

La primavera nos proporciona abundantes sabores frescos aunque fugaces que pueden capturarse y conservarse planificando con un poco de antelación. Lo que viene a continuación es una serie de productos básicos para tu despensa que te permitirán rendir un verdadero homenaje a las estaciones a lo largo de todo el año horneando con masa madre.

Azúcar de lilas
Para 350 g

¡Las lilas siempre nos saben a poco! En otoño brotan las cabezas de las flores del próximo año y nos pasamos el invierno observando cómo sus brotes duros permanecen aletargados por el frío que finalmente los hace madurar y abrirse. Cuando por fin florecen, surge la fragancia encantadora de las flores, que al poco tiempo desaparece, dejándonos solo el recuerdo imborrable de su aroma.

Esta receta tiene como objetivo capturar y mantener toda la esencia de las lilas. Las frutas de verano las acompañan y complementan su fuerte sabor jabonoso, pero puedes sustituir unas flores por otras, como las rosas o incluso la *Abelia*. Ten en cuenta la fuerza de algunas de ellas, como la lavanda, y ajusta la cantidad de acuerdo con esto. El azúcar de lila se mantendrá indefinidamente, en perfectas condiciones para usar en las recetas de otras estaciones que aparecen en este libro. Planifica con antelación y asegúrate de tener azúcar de lilas a mano para la tarta de arándanos aromatizados con lilas (página 287) o las galletitas de cítrico confitado (página 227).

- 4-5 panículas (ramilletes de flores) grandes de lilas
- 250 g de azúcar granulado

Recoge las lilas en una mañana fría antes de que el sol tenga la oportunidad de disipar su fragante aceite. Si no vas a usarlas inmediatamente, guárdalas en una bolsa de plástico en el frigorífico durante un máximo de 2 días.

Separa los ramilletes. Colócalos en un recipiente de cristal y cúbrelos con el azúcar (solo la cantidad justa para cubrirlos). Sigue alternando capas de azúcar y de ramilletes, hasta que solo quede alrededor de 1 cm libre en la parte superior del recipiente. Guárdalo en un sitio fresco y agítalo un par de veces al día. Al cabo de unos pocos días observarás el proceso natural por medio del cual el azúcar extrae el líquido de los pétalos, que para entonces se habrán vuelto de un color oscuro. Tras 4 o 5 días, el azúcar tendrá un aroma floral almizclado y estará listo para extenderlo sobre un plato durante 24-36 horas para que se seque. Cuando el azúcar esté duro, seco y apelmazado, estará listo para ser procesado.

Coloca el azúcar de lilas en el recipiente de un procesador de alimentos y muélelo hasta obtener una textura fina, como el polvo. Se conserva bien hasta 1 año y puede servir como un sustituto delicioso del azúcar normal en tartas, pasteles o *muffins*.

Miel de lilas

Para aproximadamente 1 taza

Hay otra forma de alargar la temporada de esta codiciada flor: la miel de lilas, que resulta exquisita en el té, los productos horneados, las salsas cremosas o los batidos de fruta. Aunque se tarda un poco en separar los pequeños ramilletes tubulares de sus cabezas florales, merece la pena por lo que lo disfrutarás el resto del año. Al igual que con la receta del azúcar de lilas, puedes usar otras flores o incluso hierbas y especias como la pimienta picante, el hibisco, la ralladura de limón, la hierba luisa, la canela... ¡Hay infinidad de combinaciones!

Al elegir la miel, trata de conseguirla cruda y de fuentes locales. Este tipo de miel no está pasteurizada y contiene enzimas vivas y polen del que carecen la mayoría de las mieles comerciales. Esto resulta especialmente beneficioso para aliviar las alergias estacionales. Cuando uses especias secas, es buena idea calentar primero con cuidado la miel antes de verterla en el tarro. No la hiervas, porque esto destruirá las frágiles propiedades de la miel cruda. Solo recuerda que con los sabores fuertes, menos es más.

NOTA: planifica con antelación la preparación de la tarta de arándanos impregnados en lilas (página 287) teniendo a mano esta miel de lilas.

- 6-7 panículas grandes de lilas
- 455 g de miel cruda filtrada

Saca los pequeños ramilletes y colócalos en un tarro con tapa de aproximadamente ½ litro. Vierte la miel sobre los ramilletes de lilas y agita el recipiente para ayudar a que se asiente. Asegúrate de que no queden bolsas de aire entre los ramilletes. Llénalo hasta arriba de miel y tápalo. Deposítalo en un alféizar soleado durante al menos 1 semana. Las flores flotarán hasta la superficie, de manera que es una buena idea agitarlo al menos una vez al día para ayudar a que la miel sea lo más intensa posible. Puedes dejar las flores en la miel, pero es mejor colarlas porque se vuelven marrones y se deshacen. La miel de lilas se conserva bien durante 1 año.

Syringa (lila)

La *Syringa* es un género distinto de la familia del olivo, llegado de Europa del Este y Asia. Se puede extender su florecimiento, haciéndote disfrutar durante casi dos meses si tienes espacio para plantar diferentes arbustos. *S. oblata* es uno de los que florecen antes, recompensando al jardinero con el color rojizo de sus hojas en otoño. Emerge justo antes de que lo haga la lila común, *S. vulgaris*, y sus múltiples variedades, con algunos cruces apreciados entre las dos que forman el grupo de la *x hyacinthiflora*, resistente a las enfermedades. La oscura lila china es la siguiente en brotar con sus flores laxas de colores púrpura, rojo y blanco, seguida de la parecida, pero más corta, *S. x persica*, cuyas hojas, más finas, aportan una hermosa textura al jardín. La *Syringa x laciniata* es una de mis subespecies favoritas; su follaje, fino y etéreo, resulta tan hechizante como sus ramilletes pálidos y fuertemente perfumados.

Cordial de flores de saúco

Para unos 800 g

El *Sambucus*, o saúco, fragante con notas de cítrico y especias, alcanza su punto álgido de floración más o menos en el tiempo en que la primavera decide aumentar las temperaturas durante el día mientras mantiene las noches frescas. Hay varias especies de saúco que pueden encontrarse en toda Norteamérica y Europa, y algunas hermosas variedades se han abierto camino en los viveros, entre ellas aquellas con hojas color vino tinto con forma de plumas y brotes umbelíferos rojos. Estas son las que más me gusta cultivar para usar en la cocina, ya que le aportan un precioso tono rojizo al cordial. Si en lugar de plantarlas decides recolectarlas, familiarízate con las especies locales, y si recolectas las bayas más tarde, en el verano, para hacer mermelada, no recojas ninguna que tenga frutos rojos, porque no son comestibles. Recuerda siempre que las estás compartiendo con otras criaturas que aprecian igualmente esas flores y dependen de ellas para conseguir néctar y polen.

Este delicado cordial está delicioso cuando se añade a recetas sencillas sin competir con sabores fuertes. Verás que se trata de una adición versátil y refrescante tanto si lo añades a una copa de champán o a un bizcocho de

grosella como si echas unas gotas sobre un helado o unas tortitas.

NOTA: asegúrate de planificar con antelación el bizcocho de grosella y flor de saúco (página 279) teniendo a mano una provisión suficiente de este cordial.

- 22-25 umbelas (cabezas) grandes de saúco
- 800 g de agua
- 800 g de azúcar granulado
- Las ralladuras y el zumo de 2 limones

Separa los ramilletes pequeños de las umbelas, elimina los tallos grandes y los insectos, y colócalos en un bol grande de material no reactivo. En una cacerola grande, calienta el agua y el azúcar hasta que esté completamente disuelto. Vierte sobre los ramilletes de saúco, añade las ralladuras y el zumo de limón y cuece. Cubre con un plástico y deja reposar de 24 a 36 horas.

Cuela la mezcla con un colador de malla y, usando un embudo, viértela en botellas o tarros esterilizados. El cordial se mantendrá durante varios meses en el frigorífico. Si deseas conservarlo para los meses de invierno, puedes congelar una porción en un recipiente hermético o en una bolsa con autocierre durante un máximo de un año.

Estas mantequillas cuentan con una deliciosa concentración de sabores además de una hermosa presentación. Acompañadas de varios condimentos y texturas, admiten infinidad de combinaciones. Las siguientes son solo unas pocas sugerencias para las mantequillas usadas en otras recetas de este libro. No dejes que estos ejemplos limiten tu imaginación, ya que muchas hierbas o flores frescas pueden ser igualmente adecuadas. Úntalas en una tostada, mézclalas con las cuajadas, úsalas para preparar huevos o saltéalas con verduras para darles un toque rápido y apetitoso a las comidas de siempre.

Para la mantequilla de miel floral

- 225 g de mantequilla sin sal, reblandecida
- 40 g de miel de lilas (página 241) o miel impregnada de otras flores (como de azahar, lavanda o amaro)
- ¼ de taza más 1 cucharada de pétalos de flores comestibles, lavados y secos

Mezcla en un bol pequeño la mantequilla y la miel con una cuchara grande. Vierte casi todos los pétalos de flores, dejando solo unas pocas para la decoración. Con una cuchara, pasa toda la mantequilla a un trozo de papel de hornear o a un envoltorio de plástico y adórnala con pétalos de flores y pequeños tallos. Enróllala con cuidado, formando un cilindro y mete los extremos hacia dentro para cubrirlo. Guarda en el frigorífico como mínimo un día para permitir que se impregne de los sabores. Se mantiene hasta 1 semana en el frigorífico.

vierte la mantequilla sobre un trozo de papel de hornear o un envoltorio de plástico y enróllala cuidadosamente, formando un cilindro. Mete hacia dentro los extremos para cubrirlo. Guárdala en el frigorífico durante 1 día como mínimo para permitir que la mantequilla se impregne de sabores. Se mantiene hasta 1 semana en el frigorífico.

Para la mantequilla de cítricos y guindillas

- 1 guindilla pequeña entera (las variedades chipotle, guajillo, pasilla, pulla y ancho son excelentes, cada una con un sabor y nivel de picor distintos)
- 225 g de mantequilla sin sal, reblandecida
- 1½ cucharadas de ralladura de pomelo

En un molinillo de café o de especias, muele la guindilla hasta formar un polvo fino. Mézclala en un bol pequeño con la mantequilla y la ralladura de pomelo. Con una cuchara, vierte la mantequilla sobre un trozo de papel de hornear o un envoltorio de plástico y enróllala cuidadosamente, formando un cilindro. Dobla hacia dentro los extremos del papel para taparlo. Consérvalo en el frigorífico durante al menos un día para permitir que la mantequilla se impregne de los sabores. Puedes conservarlo hasta 1 mes en el frigorífico.

Para la mantequilla de flores de cebollino y albahaca

- 225 g de mantequilla sin sal, reblandecida
- ⅓ de taza de albahaca fresca, picada muy finamente
- 3 brotes de cebollino, con los ramilletes separados unos de otros

Bate la mantequilla y la albahaca en un bol pequeño usando una cuchara grande. Agrega los ramilletes de cebollinos. Con una cuchara,

7. Verano, la adoración al sol

Dependemos del sol para nuestra vida y sustento, y donde más patente resulta su deificación es en las celebraciones del solsticio de verano. La luz estival, que nos proporciona fuerza, energía, vida y calor, es viva e intensa. Vestidos frescos, cócteles adornados con flores de saúco, risas al atardecer sentados sobre una sábana mientras las luciérnagas bailan bajo los árboles… estas son las actividades que se celebran bajo el hechizo de la luminosidad. Asimismo, el encanto de la cocina se ve alimentado por un deseo de socializar en medio del calor que señala que es la época en la que podemos dedicarnos sin restricciones a apreciar la belleza y disfrutar de la libertad de movimiento. Es una vuelta a las reuniones reconfortantes y al fortalecimiento del espíritu.

A finales de junio los rayos de sol alcanzan un poder de maduración que hace que me resulte difícil atender el enorme crecimiento de productos frescos en el jardín. Julio es abundante; sus frutos dan lugar a postres repletos de fruta cuyos brillantes sabores nos hacen olvidar por completo las picaduras de los mosquitos en las piernas y los hombros quemados por el sol. Los sabores naturales del verano son razón suficiente para preparar una tarta, y no hace falta otra excusa para reunir a un grupo de amigos que un cerdo asado lentamente, acompañado de bollos perfumados de azafrán. Cuando desciende agosto, las pecas se han extendido, y estamos bronceados, el calabacín de hoy crece en el huerto, mientras los productos de la cosecha de ayer pasan a formar parte de la masa.

Las recetas de verano tienen la ventaja de contar con productos que ya de por sí son decorativos: ciruelas rojas, zarzamoras negras como la noche, melocotones tan maduros que se dañan con solo apretarlos un poco… La verdad es que no hay manera de evitar cocinar algo que sea a la vez apetitoso y atrayente para la vista.

La mayoría de estas recetas de verano requieren poco tiempo en la cocina. Procuro no tener el horno encendido, porque no hay necesidad de competir con las temperaturas crecientes del exterior. Prefiero utilizar la parrilla, o ni siquiera eso, para el resto de la comida, y normalmente lo que hago es tomarme una buena ensalada o unas verduras ligeramente salteadas acompañadas de una rebanada crujiente de pan con una loncha de jamón.

Cuando se acerca septiembre, empezamos a ser conscientes de que es inminente el fin de los días largos, las meriendas apacibles en el campo y las largas horas nadando en el mar. La intensa luz del verano comienza a declinar y se vuelca en las mañanas luminosas, mientras las noches se vuelven frescas. Uno se apresura a recoger la última alubia verde mientras la humedad, que se va desvaneciendo, hace que resulte un poco más tolerable permanecer junto al horno. Una vez que celebramos nuestra reunión con la tierra y la temporada de la siembra, los recuerdos de junio se desvanecen.

EL PAN DEL SOL

PARA 2 HOGAZAS

Helianthus annuus es una de las plantas más alegres que puedes cultivar, con sus flores heliotrópicas, símbolo definitivo de la adoración al sol. Por las mañanas mira al este, a lo largo del día su cuello flexible sigue la dirección del sol y termina con un saludo al oeste al atardecer, para volver al este por la mañana. Sus semillas maduras son un alimento nutritivo para las aves y resultan deliciosas añadidas al pan que contiene otros cereales sustanciosos o con sabor a frutos secos. Usadas aquí con maíz y centeno, crean un pan enérgico con la forma de la clásica corona francesa. Este pan, que contiene un porcentaje alto de levadura y cereales enteros, no retarda bien y puede hornearse el mismo día si se mezcla en una mañana cálida.

Para la levadura

30 g de iniciador con una
hidratación del 100%

85 g de agua

85 g de harina de panadería

Para el impregnador

200 g de agua hirviendo

100 g de harina de maíz

Para la masa

200 g de levadura

550 g de agua

Impregnador

400 g de harina de panadería

300 g de harina media de centeno

200 g de harina de trigo de alta
extracción

18 g de sal

Para el relleno

150 g de semillas de girasol,
tostadas

30 g de semillas negras de sésamo

Prepara la levadura: de 8 a 10 horas antes de hacer la masa, prepara la levadura. En un bol grande, mezcla el iniciador y el agua para formar una pasta. Añade la harina y remueve con una cuchara hasta obtener una mezcla uniforme. Cubre y deja que fermente a temperatura ambiente.

Prepara el impregnador: en otro bol, mediano, vierte el agua hirviendo sobre la harina de maíz y mezcla para formar una pasta. Cubre con plástico y deja que repose a temperatura ambiente hasta que esté lista para añadir la masa.

Prepara la masa: cuando la levadura tenga burbujas y esté activa, vierte en ella el agua y el impregnador de maíz para formar una pasta. Añade las harinas y mezcla hasta que estén hidratadas y no queden grumos. Cubre con un plástico y deja que autolice durante 20 minutos. Espolvorea la sal sobre la masa y mézclala hasta que se incorpore por completo. Agrega las semillas de girasol y sésamo y deja que el volumen se incremente durante 3 horas, volteándola y plegándola cada 45 minutos.

Dale forma a la masa: cuando la masa tenga casi el doble de tamaño, colócala sobre una superficie cubierta ligeramente de harina y forma dos bolas pequeñas con ella, con la unión hacia abajo. Cubre con un plástico y deja que repose de 20 a 30 minutos antes de darle la forma final. Haz un pequeño agujero con el pulgar en el centro de una bola. Usando una mano para rotar la bola, agranda el agujero con el pulgar y el índice de la otra mano, hasta que alcance alrededor de 6 a 7,5 cm de diámetro. Repite con la otra bola de masa. Coloca en un *couche* enharinado, cubre con un paño y plástico y refrigera de 4 a 6 horas, hasta que su volumen haya aumentado y se haya expandido. Esta masa no se presta a una fermentación larga.

Hornea siguiendo las instrucciones de las páginas 38-40.

Hogaza de maíz azul y cebolla caramelizada

Para 2 hogazas o 4 espigas

Anson Mills, de Carolina del Sur, cultiva y muele una impresionante selección de especialidades originales y cereales autóctonos. Puedes pedir su harina fina azul de masa sin cal culinaria, que se añade normalmente a la harina para hacer tortillas. Esta harina le da un tono gris lavanda a la miga y un rico sabor mineral con un toque dulce a maíz.

Para el relleno

25 g de aceite de oliva virgen extra

120 g de cebolla, picada

Para la levadura

40 g de iniciador con una
 hidratación del 100%

40 g de agua

40 g de harina de panadería

Para la masa

120 g de levadura

585 g de agua

395 g de harina de panadería

160 g de harina de trigo de alta
 extracción

80 g de harina de trigo integral

160 g de harina fina de maíz azul

16 g de sal marina

Carameliza la cebolla: calienta el aceite en una sartén a fuego medio. Añade la cebolla y saltea a fuego medio-bajo, removiendo de vez en cuando para que no se queme. Cocina hasta que adquiera un color dorado oscuro, de 25 a 30 minutos. Puedes hacerlo el día antes. Aparta para enfriar o guarda en el frigorífico en un recipiente cerrado hasta que vayas a usarla.

Prepara la levadura: de 8 a 10 horas antes de hacer la masa, prepara la levadura. En un bol grande, mezcla el iniciador y el agua para formar una pasta. Añade la harina y mezcla con una cuchara hasta que quede una pasta homogénea. Cubre con un plástico y deja que fermente a temperatura ambiente.

Prepara la masa: cuando la levadura tenga burbujas y esté activa, añade el agua y remueve para mezclar bien. Añade las harinas y mezcla con las manos hasta que estén hidratadas y no queden grumos. Cubre con un plástico y deja que autolice durante 20 minutos. Espolvorea la sal sobre la cebolla y remueve para mezclar. Agrega la cebolla caramelizada a la masa hasta que esté distribuida uniformemente. Cubre con un plástico y deja que aumente el tamaño de 3 a 4 horas. Esta masa es muy activa y tiende a subir rápidamente, de manera que préstale atención para evitar que se eleve en exceso.

Dale forma a la masa: cuando la masa casi haya duplicado su volumen, colócala sobre una superficie ligeramente enharinada y divídela en 2 trozos si estás haciendo *batards* o en 4 si son espigas. Dales la forma inicial de *batards* y cubre con un plástico. Déjalos reposar de 10 a 30 minutos. Si estás haciendo *batards* corrientes, dales esta forma. Si no es así, dales la forma final de *batards* largos y duros mediante golpecitos. Usando las dos manos, enróllalos formando barras largas, teniendo cuidado de no exceder la longitud de la piedra del horno. Colócalos en un *couche* y cúbrelos con un paño y un plástico para refrigerar durante un máximo de 8 horas. Cuando estés listo para hornearlos, coloca un trozo de papel de hornear sobre la pala o la bandeja para hornear y espolvorea harina de maíz por encima. Coloca las barras sobre el papel con bastante espacio entre ellas (hornéalas en dos tandas, si es necesario).

Si deseas crear una espiga, trabaja las barras de la siguiente forma: usando las tijeras, haz 6 o 7 cortes en forma de uve en la parte superior de la barra, dejando el mismo espacio entre ellos, con cuidado de no separar cada trozo por completo. Pliega los cortes hacia lados alternos.

Hornea siguiendo las instrucciones de las páginas 38-40.

Bollos de azafrán

Para 12 bollos

Esta masa altamente enriquecida con huevos, mantequilla de miel floral y leche tiene una miga maravillosamente tierna y dorada potenciada por los estigmas (órganos reproductivos femeninos) cosechados procedentes de la flor del bulbo de jardín *Crocus sativus*. Rellénala con cerdo y ruibarbo (página 213) o con rabo de toro estofado (ver página 118) y tendrás la excusa perfecta para celebrar la fertilidad... o sencillamente para hacer una barbacoa.

Para la levadura

60 g de iniciador con una
   hidratación del 100%
110 g de agua
110 g de harina de panadería

Para la masa

165 g de leche entera
Una pizca generosa de azafrán
280 g de levadura
110 g de agua
1 huevo grande, batido
3 yemas de huevo, batidas

80 g de mantequilla de miel floral
   (página 244), reblandecida
105 g de miel
35 g de azúcar granulado
615 g de harina de panadería
70 g de harina de trigo integral
14 g de sal

Prepara la levadura: de 8 a 10 horas antes de hacer la masa, prepara la levadura. En un bol grande, mezcla el iniciador y el agua para formar una pasta. Añade la harina y mezcla con una cuchara hasta que quede homogénea. Cubre con un plástico y deja que fermente a temperatura ambiente.

Prepara la masa: mientras la levadura está madurando, prepara la leche de azafrán. Mezcla la leche y las hebras de azafrán en una cacerola pequeña. Hierve a fuego bajo hasta que la leche adquiera un color dorado, de 3 a 4 minutos. Aparta del fuego y colócala en el frigorífico hasta que estés listo para usarla. Cuando la levadura tenga burbujas y esté activa, añade la leche de azafrán, el agua, el huevo, las yemas de huevo, la mantequilla, la miel y el azúcar. Agrega las harinas y mézclalas a mano hasta que estén hidratadas y sin grumos. Cubre con un plástico y deja que autolice durante 20 minutos. Espolvorea la sal sobre la masa y mézclala hasta que se incorpore totalmente. Saca la masa del bol y amásala en la encimera durante 7 u 8 minutos. Limpia el bol y engrásalo con aceite; luego vuelve a poner la masa en el bol. Cubre con plástico y deja que su tamaño aumente durante 4 o 5 horas más, volteándola y plegándola a intervalos de una hora.

Dales forma a los bollos: cuando la masa esté esponjosa y tenga al menos el doble de tamaño, colócala sobre una superficie ligeramente enharinada. Divide en, aproximadamente, 12 trozos de 110 g y dales la forma de bolas. Cúbrelas y deja que reposen de 10 a 30 minutos; a continuación dales la forma final haciendo las bolas más duras: ahuecando la mano y colocándola sobre la masa, haz girar las bolas en la palma contra la superficie de la encimera en el sentido de las manecillas del reloj, sin apretarlas mucho. Haz esto hasta que la masa se convierta en una bola uniforme sin uniones aparentes en la superficie.

Colócalas en una bandeja revestida de papel de hornear.

Cubre con un paño y luego un plástico y deja que suban de 1 a 2 horas más. O también puedes retardar la masa en el frigorífico de 6 a 8 horas, pero si lo haces, adquirirá una acidez considerablemente más fuerte que puede ser desagradable.

Precalienta el horno a 230 °C. Practica una hendidura en los bollos y hornéalos con vapor sobre una piedra de 18 a 22 minutos, hasta que la parte superior adquiera un color marrón dorado. Enfría en una rejilla durante al menos 30 minutos antes de servir.

HOGAZA SABROSA DE CALABACÍN Y ACEITUNAS VERDES

PARA 2 HOGAZAS PEQUEÑAS

El calabacín es una de las hortalizas más generosas que puedes cultivar; con frecuencia produce cosechas que te permiten regalar este producto a vecinos y compañeros de trabajo, forjando así innumerables amistades. Esta receta usa solo un calabacín pequeño, pero puede duplicarse fácilmente para preparar más cantidad. Este pan es una versión diferente –repleta de sabores frescos y deliciosos– del tradicional pan dulce de calabacín.

185 g de harina pastelera
    de trigo integral
1½ cucharaditas de levadura
    en polvo
1 cucharadita de sal marina
45 g de aceite de oliva virgen extra
2 huevos

200 g de iniciador con una
    hidratación del 100%
125 g de calabacín
    (aproximadamente 1 calabacín
    pequeño), rallado
80 g de aceitunas verdes,
    deshuesadas y picadas
    gruesamente

80 g de queso de cabra o feta,
    desmenuzado
2 cucharadas de hierbas frescas
    picadas (van bien la albahaca,
    el cebollino, la mejorana
    o el tomillo)

Precalienta el horno a 190 ºC. En un bol mediano, mezcla la harina, la levadura en polvo y la sal. En otro bol grande, bate el aceite y los huevos hasta que caigan hilos gruesos de la cuchara. Mezcla el iniciador con un tenedor.

Añade el calabacín, las aceitunas, el queso y las hierbas. Agrega con cuidado los ingredientes secos, poco a poco y procurando no mezclarlos excesivamente. No importa si quedan algunos grumos.

Llena los moldes y hornea de 35 a 40 minutos, hasta que el pan adquiera un color marrón dorado y un palillo insertado en el centro salga limpio. Enfría en una rejilla.

Este pan se conserva bien durante varios días guardado en un recipiente hermético.

Pan de queso y jalapeño

Los ingredientes de este pan combinan estupendamente con el sabor de la masa madre. Puede parecer complicado reunir las harinas de la receta, pero el resultado justifica de sobra la molestia de buscarlas. Añadir agua hirviendo al maíz antes de agregarlo a la masa es un paso importante que pregelatiniza los almidones de este cereal. Los jalapeños son mis guindillas favoritas, pero puedes elegir cualquier otra que sea picante, como habanero o ají. Si tienes la piel sensible, puedes ponerte guantes al preparar los jalapeños para esta receta. ¡Con este pan se puede hacer una tostada excelente o un delicioso sándwich BLT*!

---

*N. del T.: El sándwich BLT es una variedad de sándwich que contiene una mezcla proporcionada de tocino, lechuga y tomate.

Para la levadura

30 g de iniciador con una
    hidratación del 100%

45 g de agua

45 g de harina de panadería

Para el impregnador

55 g de harina media de maíz

150 g de agua hirviendo

Para la masa

120 g de levadura

280 g de agua

½ cucharadita de salsa de *sriracha*

Impregnador

65 g de harina gruesa de sémola

65 g de harina de trigo integral

415 g de harina de panadería

12 g de sal

Para el relleno

6 jalapeños medianos

170 g de queso cheddar, en
    trozos de poco más de 0,5 cm

Tuesta los jalapeños: hay varias formas de tostar los jalapeños. La más fácil es colocarlos en la parrilla hasta que las pieles estén ennegrecidas y se desprendan de la carne. También puedes pincharlos con un tenedor y asarlos directamente sobre la llama del quemador. Yo prefiero colocarlos en una parrilla exterior hasta que las pieles estén fragantes y oscuras. Cuando estén totalmente negros, quítales la piel y las semillas y descártalas. Consérvalos en el frigorífico hasta que estén listos para mezclarlos en la masa.

Prepara el impregnador: mezcla la harina de maíz y el agua hirviendo en un bol mediano. Remueve la mezcla hasta que quede totalmente hidratada, cúbrela con un plástico y déjala enfriar. Mantenla a temperatura ambiente hasta que vayas a preparar la masa.

Prepara la masa: cuando la levadura haya adquirido volumen y esté activa, añádele el agua, la *sriracha* y el impregnador y mezcla bien. Incorpora las harinas y mezcla a mano hasta que estén hidratadas y no queden grumos. La masa tendrá una textura suelta y algo viscosa. Cubre con un plástico y deja que autolice durante 20 minutos. Espolvorea sal sobre la masa y mezcla hasta que esté completamente incorporada. Corta los jalapeños tostados en trozos grandes. Añádelos a la masa junto con el queso y mezcla hasta que estén distribuidos uniformemente.

Cubre con un plástico y deja que el volumen aumente de 3 a 4 horas, volteándola y plegándola cada 30 a 45 minutos.

Dale forma a la masa: cuando la masa haya aumentado y esté activa, divídela por la mitad y dale la preforma. Cúbrela con un plástico y deja que repose de 10 a 30 minutos; a continuación confiérele la forma final que prefieras. Colócala con la unión hacia arriba en un *banneton* o *couche* enharinado. Cubre con un paño y luego un plástico y conserva en el frigorífico de 8 a 16 horas.

Hornea siguiendo las instrucciones de las páginas 38-40.

Si decides hornear sobre una piedra, hazlo utilizando un papel de hornear para limpiar fácilmente el queso que se derrame. Una vez que la corteza tenga un color marrón dorado profundo, saca el pan del horno, pero ten cuidado: ¡el queso derretido caliente puede quemarte la piel!

GALETTE DE TOMATE Y *LEBANY*

PARA APROXIMADAMENTE 1 *GALETTE* DE 25 CM

La abundancia del verano a veces nos arrastra al frenesí, y los tomates no son una excepción. A menudo, cuando creo que nadie me ve, me como un sándwich de tomate fresco junto al fregadero y dejo que el zumo me chorree por la barbilla. Si tengo compañía, prefiero la presentación más elegante de esta hermosa *galette* rústica y fácil de preparar. El *lebany* es un queso de yogur que puede comprarse en supermercados especiales o tiendas de productos de Oriente Medio pero es igual de fácil elaborarlo en casa. Antes de servir, adereza con unas gotas de tu mejor aceite de oliva, una generosa pizca de sal y hierbas frescas.

Para el *lebany* al ajo

230 g de yogur entero

2 dientes de ajo, picados

1 cucharada de hierbas frescas
  picadas finamente, como
  orégano, romero o cebollino
  (opcional)

Para el *pâte brisée* de nueces

45 g de nueces

45 g de harina pastelera
  de trigo integral

65 g de harina común

15 g de azúcar granulado

½ cucharadita de sal marina

½ cucharada de romero
  fresco picado

75 g de mantequilla sin sal

50 g de iniciador con una
  hidratación del 100%

15-25 g de vodka o agua, a punto
  de hielo

Para el barniz

1 yema grande de huevo

Una pizca de nata

Para la *galette*

24-26 tomates *cherry*,
  cortados en rodajas finas

1 cucharada de hierbas frescas
  picadas (orégano, romero
  o cebollino)

Una pizca generosa de sal marina
  en láminas

Prepara el *lebany*: al menos con un día de antelación, cubre la parte superior de un recipiente con una estopilla y asegúrala con una goma, de modo que la tela forme una especie de cuna. Vierte a cucharadas el yogur en la estopilla, cúbrelo y déjalo escurrir toda la noche en el frigorífico. El suero se acumulará en el recipiente, y en la superficie te quedará un yogur espeso, parecido al queso. Pica finamente el ajo y mézclalo con el queso de yogur. También puedes añadir hierbas finamente picadas si lo prefieres.

Prepara la masa: en un procesador de alimentos, mezcla las nueces, las harinas, el azúcar, la sal y el romero hasta que todas las nueces estén finamente molidas. Añade la mantequilla y procesa hasta que la textura obtenida se parezca a la de la harina de maíz. Agrega el iniciador y el agua o vodka y mézclalo bien. Coloca la masa sobre una superficie ligeramente enharinada y amásala una o dos veces, hasta que quede compacta. Envuélvela en un plástico y guárdala en el frigorífico durante un mínimo de 30 minutos o un máximo de 1 día.

Prepara la *galette*: saca la masa del frigorífico y deja que se ablande a temperatura ambiente, de 5 a 10 minutos. Precalienta el horno a 200 °C. En una superficie ligeramente enharinada, extiende la masa dándole vueltas de un cuarto hasta que su grosor sea de poco más de 0,5 cm, usando un raspador de masa para ayudarte.

Pásala a una bandeja recubierta de papel de hornear. Extiende el *lebany* hasta una distancia de 2,5 a 5 cm del borde de la bandeja y coloca las rodajas de tomate sobre él. Trabajando en el sentido de las manecillas del reloj, pliega los bordes de la base hacia el centro, superponiéndolos a intervalos de unos 10 cm y dejando unos 18-20 cm sin cubrir en el centro. En un bol pequeño, mezcla la yema y la nata y pinta la superficie de la base.

Hornea de 30 a 35 minutos, girando la bandeja a mitad del horneado, hasta que la base adquiera un color marrón dorado. Adereza con las hierbas recién picadas y una pizca generosa de sal marina en láminas. Sirve caliente o a temperatura ambiente.

SCONES DE ALBARICOQUE Y ESTRAGÓN

PARA UNAS 2 DOCENAS DE SCONES DE 4 CM

Dos de los placeres más grandes del verano son las frutas con hueso y las hierbas. Independientemente del espacio que tengas (o no tengas) en el jardín, las hierbas se pueden cultivar fácilmente en un alféizar soleado o en una escalera de emergencia. Son plantas que cualquiera puede cultivar porque crecen sin muchos cuidados y suelen aguantar el calor y la sequedad. Combinadas con la fruta más fresca, le añaden a la cocina otra sutil dimensión estacional. La mayoría de la gente está acostumbrada a emplear el estragón en platos salados, pero también se puede utilizar fácilmente en los dulces. El sabor se asemeja en cierta medida al del anís o el hinojo, pero es más intenso y profundo, tiene su propio carácter terreno y misterioso. La harina de escanda complementa la riqueza mantecosa de estos scones, pero tiende a absorber mucho líquido. Si la sustituyes por otra, utiliza el suero de leche con mesura, añadiendo solo lo bastante para compactar la masa.

90 g de harina integral de escanda
90 g de harina blanca de escanda
1¼ cucharaditas de levadura en polvo
½ cucharadita de bicarbonato
½ cucharadita de sal
60 g de azúcar granulado

115 g de mantequilla fría sin sal, cortada en trozos de 2,5 cm
1½ cucharadas de estragón fresco picado
1 cucharadita de ralladuras de naranja
200 g de iniciador con una hidratación del 100%

55 g de suero de leche
3-4 albaricoques frescos pequeños, picados

Para el barniz (opcional)
1 yema de huevo grande
Una pizca de nata

Precalienta el horno a 190 °C. En un bol grande o procesador de alimentos, mezcla las harinas, la levadura en polvo, el bicarbonato, la sal y el azúcar. Corta o procesa la mantequilla en trozos hasta que se formen migas gruesas. Añade el estragón y la ralladura de naranja y mézclalo ligeramente. Incorpora el iniciador y el suero de leche y bate hasta que se forme una masa compacta. Pasa la masa a una superficie ligeramente enharinada y agrega con cuidado los trozos de albaricoque. Envuélvela en un plástico y guárdala en el frigorífico hasta que esté firme o durante varias horas. También puedes congelarla un máximo de 2 semanas.

Coloca la masa en una superficie ligeramente enharinada y forma un disco de 2 a 2,5 cm dándole golpecitos. Cubre con un poco de harina un pequeño cortador y corta tantos scones como puedas (vuelve a trabajar la masa si es necesario). Colócalos en una bandeja revestida con papel de hornear, mezcla la yema y la nata para hacer un barniz de huevo, si lo deseas y pinta con él la parte superior de los scones.

Hornea de 12 a 13 minutos, hasta que aparezca un hermoso color dorado en la superficie. Sirve caliente o a temperatura ambiente el mismo día.

CROSTATA DE HIGO SABROSO

PARA 4 *CROSTATAS* PEQUEÑAS

Cada población inmigrante que se ha establecido en Brooklyn ha traído consigo una rica variedad de frutos y plantas de jardín, entre ellos el exquisito higo. El género *Ficus* contiene más de mil especies de todo el mundo; el más codiciado, el higo común comestible, *Ficus carica*, tiene su origen en Oriente Medio y la cuenca mediterránea. En los jardines de muchas casas de Brooklyn hay uno de esos árboles pequeños y resistentes con grandes raíces agresivas que en septiembre se llena de deliciosa fruta. A menudo me regalan copiosas cantidades, que estoy encantada de emplear en cualquier plato, desde un helado hasta estas *crostatas* de tamaño ideal para una sola persona. Utiliza un queso azul semi blando que se desmenuce fácilmente, como el roquefort o el *maytag*.

Pâte brisée de nueces
(ver página 262)

Para el barniz
1 yema de huevo grande
Una pizca de nata

Para el relleno
240 g de cebolla, picada
30 g de aceite de oliva virgen extra
Una pizca de sal marina
20 g de oporto
70 g de queso *ricotta*
8 higos frescos, en cuartos
60 g de queso azul semitierno

Para el aderezo
1 cucharada de hierbas frescas
picadas, como romero, perejil
o tomillo

Prepara el *pate brisée* de nueces. Refrigera durante un mínimo de 30 minutos y un máximo de 1 día. También puedes conservarlo hasta 2 semanas en el congelador.

Calienta el aceite a fuego medio y añade las cebollas y la sal. Saltea de 25 a 30 minutos, removiendo de vez en cuando. Cuando las cebollas tengan un bonito color dorado, añade el vino de Oporto y deja cocer durante 1 minuto. Apártalas.

Precalienta el horno a 190 °C. Saca la masa del frigorífico y deja que se ablande a temperatura ambiente, unos 5 minutos. Divídela en 4 trozos y extiéndela sobre una superficie ligeramente enharinada hasta alcanzar un grosor de poco más de 0,5 cm. Pásala a una bandeja recubierta de papel de hornear. Extiende una capa fina de *ricotta* a poco más de 1 cm del borde en cada trozo. Cubre con 1½ cucharadas de cebolla caramelizada y esparce por todos los trozos los 8 higos cortados. Desmenuza el queso azul y cubre con él la superficie. Trabajando en el sentido de las manecillas del reloj, pliega los bordes de la base hacia el centro, superponiéndolos a intervalos de unos 5 cm y dejando unos 7,5 cm sin cubrir en el centro.

Hornea de 30 a 35 minutos, hasta que la base esté dorada. Espolvorea hierbas recién picadas por encima y sirve caliente o a temperatura ambiente.

Bollitos de tomate y albahaca

PARA, APROXIMADAMENTE, 32 BOLLITOS DE 5 CM

Estos sabrosos bocaditos serán todo un éxito en tu próxima reunión veraniega. Para los bollitos elige tomates y albahaca lo más frescos posibles. Si abres los bollos por la mitad y metes un trozo de jamón salado tendrás un exquisito tentempié.

- 100 g de harina pastelera de trigo integral
- 110 g de harina común
- 70 g de harina de maíz
- 1½ cucharaditas de levadura en polvo
- 1 cucharadita de bicarbonato

- ½ cucharadita de sal
- 60 g de mantequilla sin sal, fundida y enfriada
- 2 huevos grandes
- 200 g de leche entera
- 200 g de iniciador con una hidratación del 100%

- 15 g de miel
- 50 g de queso parmesano o asiago, rallado
- 16 tomatitos *cherry*, picados
- 2 cucharadas de albahaca fresca picada
- 1 diente de ajo, picado

Precalienta el horno a 190 °C. Engrasa generosamente un molde para bollitos y apártalo. En un bol mediano, mezcla las harinas, la levadura en polvo, el bicarbonato y la sal. En otro bol grande, mezcla bien la mantequilla, los huevos y la leche. Añade el iniciador y la miel y bate con un tenedor. Agrega la mezcla de harina a la mezcla líquida en tres tandas, removiendo después de cada adición y con cuidado de no mezclar excesivamente. Incorpora el parmesano, los tomates y albahaca picados y el ajo y mezcla bien. Con una cuchara, vierte la masa en el molde para bollitos.

Hornea de 12 a 15 minutos, hasta que los bollitos estén dorados. Sácalos del molde y déjalos enfriar en una rejilla. Puedes conservarlos en un recipiente hermético durante varios días.

GALLETAS SALADAS DE MASA DE HOJALDRE

PARA 8-10 GALLETAS GRANDES

Para confeccionar estas estupendas galletas me inspiré en una receta básica que se ha utilizado en diferentes culturas. La carta de música*, nombre que evoca imágenes de una partitura musical ancestral, es el pariente más cercano de esta receta. Las hierbas picadas y el aceite de oliva aromatizado con ajo le añaden profundidad a la característica harina de sémola de trigo. La forma natural de estas galletas saladas, perfectas para picar, está hecha para partirlas y mojarlas en salsa, quizá en un *hummus* de alubias rojas con un toque de ajo (página 272).

---

*N. del T.: en castellano en el original. Se trata de un pan crocante elaborado con sémola y aceite de oliva, típico del sur de Italia.

Para el aceite de oliva aromatizado

50 g de aceite de oliva virgen extra

3 dientes de ajo, cortados

1 cucharada de ralladura de naranja

1 ramita de cada una de las siguientes hierbas: romero, tomillo, salvia y mejorana

½ cucharadita de guindilla en láminas

Para la masa

Aceite de oliva aromatizado

45 ml de agua

215 g de iniciador con una hidratación del 100%

65 g de harina de panadería

180 g de harina gruesa de sémola de trigo

½ cucharadita de sal marina, y un poco más para espolvorear por encima

1 cucharada de romero fresco picado (opcional)

Aromatiza el aceite: calienta el aceite en una sartén. Una vez que esté caliente, apágalo enseguida y añade el ajo, la ralladura de naranja y las ramitas de hierbas. Cubre y deja que se impregne durante al menos 24 horas, o consérvalo en una jarra de cristal esterilizado hasta 1 semana, y pásalo por un tamiz fino cuando vayas a utilizarlo.

Prepara las galletas: echa el aceite aromatizado, el agua y el iniciador en un bol mediano y mezcla hasta formar una pasta de poca consistencia. Añade las harinas, la sal y el romero (si lo usas) y amasa hasta que estén bien mezclados. La masa debe estar dura. Cúbrela con un plástico y déjala reposar a temperatura ambiente de 30 a 60 minutos o hasta 1 día en el frigorífico.

Precalienta el horno a 260 °C con una piedra colocada en la rejilla media. Divide la masa en 8-10 bolas y cubre con un plástico las que no estés trabajando. Aplasta una bola con la palma de la mano sobre una superficie ligeramente cubierta de harina. Usando un rodillo de amasar, extiéndela hasta que quede tan fina que parezca transparente. La masa de galletas saladas es sorprendentemente elástica y moldeable, pero procura no extenderla de manera muy uniforme. Cuanto más irregular sea la forma, ¡más interesante la galleta! Sin embargo, la masa debería medir aproximadamente 15 × 13 cm. Coloca las láminas de masa extendidas bajo un plástico conforme vas haciéndolas y sigue trabajando hasta tener 2 o 3.

Hornea las galletas: coloca con cuidado las láminas finas sobre la piedra precalentada. Hornea durante 2 minutos por cada lado, o hasta que las burbujas y los bordes adquieran un color dorado oscuro. Sigue preparando el resto de las galletas mientras las primeras se hornean. Déjalas enfriar en una rejilla y guárdalas en una bolsa de papel durante como máximo 1 semana.

HUMMUS DE ALUBIAS ROJAS

PARA 1 ¼ TAZAS

A finales de verano, cuando las alubias rojas están listas para la cosecha, sus gruesos frutos desgranados ofrecen una gama de colores sorprendente. Del morado al violeta, apenas mantienen su color una vez cocinados, pero proporcionan un sabor terroso, parecido al de las habas. De hecho, en primavera puedes sustituir las alubias de esta receta por habas frescas. Tan solo asegúrate de quitarles la piel una vez cocidas.

120 g de alubias rojas o habas frescas desgranadas
230 g de agua
1 diente de ajo
40-50 g de aceite de oliva virgen extra

25 g de *tahini*
60 g de zumo fresco de naranja
½ cucharada de comino molido
½ cucharadita de guindillas en láminas
¼ de cucharadita de sal marina

Hierbas frescas picadas, como albahaca, menta, cebollino o perejil, para la guarnición

Coloca las alubias desgranadas en el agua en una cacerola y cuécelas durante unos 25 minutos, hasta que estén tiernas al pincharlas con el tenedor. Escurre y aparta. Coloca el ajo y el aceite en el procesador de alimentos y pícalo finamente.

Añade las alubias cocidas y el resto de los ingredientes y procesa hasta alcanzar la textura deseada, añadiendo más aceite si lo deseas. Sírvelo adornado con las hierbas frescas.

Phaseolus coccineus
(Alubias rojas)

La *Phaseolus coccineus* es una hermosa planta trepadora ornamental, anual, de la familia de las legumbres que proporciona copiosas vainas verdes, largas, carnosas y comestibles. Las hojas trifoliadas tienen la textura gruesa de las alubias rojas comunes al principio de la temporada, pero las flores son una agradable sorpresa cuando el jardín parece agotado por el calor. Esta trepadora anuncia su presencia a finales de agosto con flores de un naranja rojizo que los colibrís visitan frecuentemente en su migración hacia el sur.

TORTAS DE MAÍZ Y CALABACÍN A LA PARRILLA CON SALSA DE CHILI DULCE

APROXIMADAMENTE 6 TORTAS DE 10 CM

Estas tortas a la parrilla recién hechas son perfectas para tomar en un desayuno almuerzo con verduras salteadas y huevos fritos y acompañadas, naturalmente, por una copa de vino blanco seco fresco.
En pleno verano, la dulzura natural del maíz se aprecia mejor cuando se sirve con la salsa de chili, inspirada en la cocina tailandesa, de esta receta.

Para la salsa

50 g de aceite de coco

60 g chalotas, picadas finamente

1 cucharada de jalapeño picado

4 dientes de ajo, picados

1 cucharadita de pasta
de tamarindo

15-20 g de agua

55 g de vinagre de arroz

50 g de salsa de pescado

50 g de azúcar granulada

Un trozo de jengibre fresco
de aproximadamente
4 cm, rallado

1-2 cucharadas de chili seco
molido, al gusto

25 g de zumo fresco de lima

Para las tortas a la parrilla

2 mazorcas de maíz, con cáscara

50 g de cebolla, cortada

1½ cucharaditas de aceite
de oliva virgen extra

2 dientes de ajo, picados

50 g de calabacín, cortado
en juliana en tiras de 5 cm

15 g de pimiento dulce rojo
picado

½ cucharada de jalapeño picado

1 cucharada de cebollino
fresco cortado

1 cucharadita de comino molido

½ cucharadita de sal marina

½ cucharadita de bicarbonato

1 huevo grande, batido

50 g de iniciador con una
hidratación del 100%

50 g de harina de trigo integral

50 g de queso monterey jack
o cheddar, rallado

Prepara la salsa de chili dulce: en una sartén pequeña calienta el aceite a fuego medio. Cuando esté caliente, rehoga los chalotes de 3 a 4 minutos. Baja el fuego a medio-bajo y agrega el jalapeño y el ajo. Rehoga de 1 a 2 minutos más, hasta que empiece a desprender su aroma. Transfiere el contenido de la sartén a un mortero, añade el resto de ingredientes y májalos. Vuelve a verter la mezcla en la sartén y cocina a fuego lento, removiendo frecuentemente, hasta que se haya reducido y espesado, unos 10 minutos más. Guarda en un tarro tapado en el frigorífico y calienta justo antes de servirla (obtén la consistencia deseada con un poco más de vinagre si es necesario). Se conserva durante varios meses.

Prepara las tortas a la parrilla: coloca las mazorcas de maíz a fuego medio en una parrilla precalentada y ásalas de 10 a 12 minutos, dándoles la vuelta para que se hagan uniformemente. Apártalas y deja que se enfríen (también puedes usar granos de maíz crudo, pero asarlos les da un mejor sabor). Pela las hojas y los hilos de las mazorcas. Desprende los granos usando un cuchillo afilado y colócalos en un bol mediano. En una sartén, saltea a fuego medio-bajo la cebolla con 1 cucharadita del aceite hasta que esté blanda, de 4 a 5 minutos. Añade el ajo y rehoga hasta que desprenda aroma, unos 30 segundos. Transfiere la mezcla de ajo y cebolla al bol de maíz y agrega el calabacín, el pimiento rojo, el jalapeño, el cebollino, el comino, la sal y el bicarbonato y remuévelo todo para mezclarlo bien. Añade el huevo y mezcla. Incorpora el iniciador en la mezcla de maíz con un tenedor, asegurándote de que se distribuya uniformemente. Espolvorea la harina y el queso y bate hasta que estén mezclados.

Añade la ½ cucharadita restante de aceite a la misma sartén que usaste para las cebollas y caliéntalo a fuego medio-alto de 3 a 4 minutos. Baja el fuego a medio-bajo, vierte la masa de maíz en la sartén y extiéndela con la parte posterior de una cuchara para formar una torta. Cocina de 4 a 5 minutos por ambos lados o hasta que adquiera un color marrón dorado. Sigue cocinando tortas con el resto de la masa. Sirve con una generosa cantidad de salsa caliente de chili.

PASTEL DEL SOLSTICIO CON MASA DE TRIGO SARRACENO

PARA 1 PASTEL DE 23 CM

A veces los pájaros son más rápidos que yo en la cosecha. Se comen las bayas más maduras antes de que tenga la oportunidad de considerar siquiera cómo quedarían en un postre de verano. Esta receta es flexible y puede realizarse con cualquier baya que tengas a mano para celebrar el solsticio, pero las grosellas negras son esenciales para acompañar el sabor entrañable, ligeramente amargo, de la base de trigo sarraceno. En Nueva York, el solsticio de verano llega justo cuando las grosellas, incluidas las espinosas, empiezan a madurar y los árboles de *Amelanchier* se agitan repletos de aves. Las cerezas ácidas no aparecen mucho después de las últimas fresas, y todas se juntan en un pastel sencillo pero delicioso.

Para la base
225 g de harina de trigo
   sarraceno
45 g de azúcar granulado
½ cucharadita de sal
115 g de mantequilla sin sal
100 g de iniciador con una
   hidratación del 100%
2 yemas de huevo
20 g de agua helada o vodka

Para el barniz
1 yema grande de huevo
Una pizca de nata

Para el relleno de fruta
115 g de grosellas negras frescas
60 g de grosellas rojas frescas
150 g de azúcar granulado
Una pizca de sal marina
75 g de grosellas blancas frescas
   o grosellas espinosas
200 g de fresas frescas

100 g de bayas *amelanchier*
   o arándanos frescos
150 g de cerezas frescas ácidas,
   sin hueso
1 cucharadita de canela molida
40 g miel de trigo sarraceno
1 cucharadita de extracto
   de vainilla
25 g de arrurruz en polvo

Para la cobertura
Azúcar granulado

Prepara la base: mezcla la harina, el azúcar y la sal en un bol mediano o en un procesador de alimentos. Corta o procesa la mantequilla hasta que su textura recuerde a la harina de maíz. Añade el iniciador, las yemas de huevo y el agua y mézclalo todo bien. Coloca la masa en una superficie cubierta ligeramente de harina y amasa una o dos veces, hasta que se vuelva compacta. Pártela por la mitad y haz dos bolas, una un poco más grande que la otra. Envuélvelas en un plástico por separado y guárdalas en el frigorífico durante un mínimo de 30 minutos y un máximo de 12 horas.

Precalienta el horno a 175 °C. Saca la bola más grande del frigorífico y deja que se ablande a temperatura ambiente, de 5 a 10 minutos.

Sobre una superficie cubierta ligeramente de harina, con la ayuda del rodillo, forma un disco de unos 0,30 cm de grosor y pásalo a un molde para pastel. Aprieta con cuidado la masa hacia el fondo y los lados del molde y pínchala con un tenedor. Hornéala a ciegas durante 15 minutos, sácala del horno y deja que se enfríe. Bate el huevo con la nata para hacer el barniz. Pinta toda la masa con el barniz para impedir que se apelmace cuando el pastel esté horneado.

Prepara el relleno: combina las grosellas negras y rojas en una cacerola pequeña. Cocina a fuego medio-bajo hasta que las bayas empiecen a soltar sus jugos, unos 5 minutos. Añade el azúcar y la sal y cuece hasta que la mezcla empiece a espesar, de 12 a 15 minutos. Aparta del fuego y añade el resto de la fruta, la canela, la miel y el extracto de vainilla. Tamiza el arrurruz por encima y mézclalo bien.

Prepara el pastel: saca la segunda bola del frigorífico y deja que se ablande a temperatura ambiente, de 5 a 10 minutos. Con la ayuda del rodillo forma un disco algo más pequeño que el de la base. Llena la base prehorneada con la mezcla de fruta, cubre el pastel con la masa restante y decóralo como desees. Es fácil trabajar con esta masa y se presta a todo tipo de decoraciones. Pinta con más barniz de huevo y cubre con azúcar granulado.

Hornea de 30 a 35 minutos, hasta que la superficie muestre un color marrón profundo alrededor de los bordes. Deja enfriar completamente y sirve con nata montada.

Bizcocho de grosella y flor de saúco

Hay más de un centenar de especies diferentes que pertenecen al género *Ribes*. Las más conocidas son las grosellas y las grosellas espinosas. Aunque estas últimas están ganando popularidad, siguen sin usarse apenas en los postres. Tienen un sabor deliciosamente ácido en una tarta, un sabor floral, especialmente cuando se sirven con un cordial embriagador de saúco. Hay especies de grosellas espinosas con frutas de varios colores (amarillo, verde o rojo) dependiendo de la variedad. Este postre es bastante dulce y refrescante; ideal para servirlo en una tarde de julio.

Para el puré de grosella espinosa
240 g de grosellas espinosas frescas, sin el rabito
175 g de agua
15 g de zumo fresco de limón
75 g de azúcar granulado
25 g de cordial de flores de saúco (página 243)

Para el pastel
50 g de azúcar granulado
1½ cucharaditas de ralladura de limón
2 huevos grandes
Una pizca de sal marina
½ cucharadita de extracto de vainilla
50 g de iniciador con una hidratación del 100%
30 g de harina pastelera

Para la crema
3 yemas de huevo
40 g de azúcar granulado
170 g de leche entera
115 g de nata espesa
120 g de cordial de flores de saúco (página 243)

Para el aderezo (opcional)
Flores comestibles, como la rosa, la malva o el pensamiento
Hojas de menta fresca

Prepara el puré: pon las grosellas espinosas, el agua y el zumo de limón en una cacerola y cocina a fuego medio-bajo hasta que estén blandas, de 3 a 5 minutos. Agrega el azúcar y cocina a fuego lento durante 10 minutos, teniendo cuidado de que no hierva. Una vez que el azúcar se haya disuelto, eleva la temperatura solo un poco y haz hervir la mezcla suavemente. Cuece removiendo de vez en cuando, hasta que se espese ligeramente, de 20 a 25 minutos. Aparta la cacerola del fuego y deja enfriar. Añade el cordial de flores de saúco.

Hornea el pastel: precalienta el horno a 190 °C. Reviste un molde para pastel de 12 × 20 cm con papel de hornear, ligeramente engrasado y enharinado. Maja el azúcar y la ralladura de limón en un mortero para que se desprendan los aceites cítricos y transfiere la mezcla a un bol mediano. Añade los huevos y la sal y bátelos con una batidora de mano a velocidad alta hasta que la mezcla se vuelva clara y esponjosa, unos 5 minutos. Agrega el extracto de vainilla y el iniciador y mezcla bien con un tenedor. Espolvorea la harina sobre los ingredientes húmedos y remueve ligeramente, con cuidado de que no pierda el aire. Utilizando un raspador, vierte la masa en el molde y hornea durante 25 minutos, o hasta que un palillo insertado en el centro del pastel salga limpio. Saca del horno y deja enfriar en una rejilla. Será un bizcocho fino y ligeramente esponjoso.

Prepara la crema: en un bol pequeño, bate las yemas con el azúcar utilizando una batidora de mano hasta lograr una mezcla cremosa de color

claro. En una cacerola, calienta la leche hasta que esté a punto de hervir. Añádela lentamente a la mezcla de huevo, batiendo vigorosamente. Vierte la mezcla en la cacerola y calienta a fuego lento, moviendo constantemente, hasta que se espese lo bastante como para quedar adherida a la cuchara. Sabrás que está lista cuando al pasar un dedo por la parte posterior de la cuchara deje una línea limpia a su paso. Aparta inmediatamente del fuego y pasa la mezcla por un cernedor fino a un bol limpio para que se enfríe. En otro bol mediano, bate la nata hasta que se espese. Agrégala a la mezcla de la leche,

una vez que se haya enfriado. Puedes preparar esto varios días antes de elaborar el bizcocho. Mantenlo cubierto en el frigorífico hasta que vayas a usarlo.

Prepara el bizcocho: corta el pastel en trozos pequeños y colócalos en una capa en 4 vasos pequeños. Vierte el cordial de flores de saúco y a continuación una capa de puré de grosella espinosa por encima. Agrega generosas cucharadas de crema y luego repite las capas. Adorna con flores frescas o menta si lo deseas y sirve inmediatamente.

MUFFINS DE CIRUELA Y AMARANTO

PARA 12 MUFFINS

Estos *muffins* están repletos de fruta y contienen la suficiente harina integral de cereal como para que puedas repetir sin remordimientos. Utiliza harina de escanda, que absorbe mucha agua, espesa la masa y no deja caer la fruta en el fondo. Espolvorea azúcar granulado por encima antes de hornear o para darle un toque final.

El *mahlab* es una especia que se extrae del interior de las semillas de un tipo de cerezo ácido mediterráneo y se ha usado durante siglos en la cocina de Oriente Medio. Tiene un aroma floral único que encarna la perfecta unión de la fruta y las almendras. Solo se requiere una pequeña cantidad para conseguir un gran efecto y elevar este sencillo *muffin* a un nivel superior. Si no puedes conseguir *mahlab*, te bastará con media cucharadita de extracto de almendras.

100 g de harina blanca
  de escanda
100 g de harina integral
  de escanda
1 cucharadita de levadura
  en polvo
½ cucharadita de sal
1 cucharadita de canela molida

¾ de cucharadita de *mahlab*
  molida
2 huevos grandes
70 g de azúcar de arce
50 g de jarabe de arce
127 g de mantequilla sin sal,
  fundida y enfriada
100 g de yogur griego

100 g de iniciador con una
  hidratación del 100%
25 g de grano integral
  de amaranto
150 g de ciruelas rojas o
  moradas, picadas gruesamente
  (unas 2 ciruelas medianas)
25 g de almendras laminadas
Azúcar granulado (opcional)

Precalienta el horno a 190 °C. Cubre la bandeja para *muffins* con moldecitos de papel bien engrasados o con el revestimiento que prefieras. En un bol mediano, mezcla las harinas, la levadura en polvo, la sal, la canela y la *mahlab* y aparta. En otro bol grande, mezcla los huevos y el azúcar de arce con una batidora de mano hasta que quede una masa esponjosa. Añade el jarabe de arce, la mantequilla y el yogur y mezcla bien. Incorpora el iniciador con un tenedor, asegurándote de que no queden vetas. Agrega los ingredientes secos en tandas, removiendo después de cada adición, con cuidado de no mezclar excesivamente. Añade 15 g de amaranto y las ciruelas. Distribuye la masa entre los moldes de los *muffins*, llenando alrededor de tres cuartas partes. Cubre con los 10 g restantes de amaranto y las almendras laminadas y espolvorea por encima el azúcar, si lo deseas.

Hornea de 18 a 20 minutos, hasta que las almendras estén doradas y un palillo insertado en el centro salga limpio. Están deliciosos servidos inmediatamente, pero su sabor se asienta bien tras enfriarse y se conservan durante un par de días guardados en un recipiente hermético.

Pastel con aroma de geranio de olor

Para 1 pastel de 13 x 23 cm

Aunque su nombre común podría confundirnos, los geranios de olor no tienen nada que ver con el verdadero género *Geranium* y en lugar de eso se definen botánicamente como *Pelargonium*. Los llamativos híbridos de jardineras que se suelen encontrar en la mayoría de los centros de jardinería no deben confundirse con sus especies menos conocidas, entre ellas *P. capitatum* (con aroma a rosa), *P. fragrans* (con aroma a nuez moscada), *P. tomentosum* (con olor a menta) o *P. crispum* (con aroma a limón). Estas especies resistentes a la sequía y al calor exhiben flores de color rosa pálido en verano, con hojas gruesas verdes lobuladas que segregan una esencia resinosa al aplastarlas. Son tiernas pero puedes colocarlas en una ventana soleada para sobrellevar los meses invernales. Es una delicia cultivarlas y pueden usarse para dar sabor a los productos horneados, las bolsitas de infusiones o el té helado.

Los sabores de este pastel son versátiles y se pueden modificar para reflejar las especies de *Pelargonium* que estés usando. Prueba a utilizar la de aroma de limón con la mermelada de rosa mosqueta, la de aroma a rosa con la mantequilla de ciruela o la de aroma a menta con la manzana. La harina que elijas y el color de la fruta afectarán a la apariencia final; ten presente que los granos enteros y las frutas más oscuras crean menos impacto visual entre las hojas y la base. La harina integral de trigo le proporciona una rotundidad al sabor que rebaja el dulzor del pastel.

3 claras de huevo
170 g de mantequilla sin sal, reblandecida
100 g de azúcar granulada

170 g de mermelada o mantequilla de frutas
100 g de iniciador hidratado al 100%
145 g de harina común

1 cucharadita de bicarbonato
¼ de cucharadita de sal marina
Aproximadamente 15-20 hojas de geranios de olor

Prepara la masa: Precalienta el horno a 190 °C y engrasa un molde para pastel. En un bol mediano, bate las claras con una batidora manual a velocidad alta hasta que la mezcla se espese pero no se seque y apártala. En otro bol, grande, bate la mantequilla y el azúcar hasta obtener una mezcla esponjosa, unos 5 minutos (no te saltes estos pasos porque son los que hacen que se creen burbujas de aire en la masa, necesarias para que se airee). Añade la mermelada a la crema de mantequilla y azúcar y bátela hasta que quede bien mezclada. Agrega el iniciador y luego las claras batidas. En otro bol, mediano, mezcla la harina, el bicarbonato y la sal. Con una cuchara de madera, añade los ingredientes secos a los líquidos, removiéndolos hasta que estén hidratados, con cuidado de no mezclarlos en exceso. No importa que queden algunos grumos.

Prepara el pastel: cubre el fondo del molde engrasado con 3 o 4 hojas de geranio de olor. Con una cuchara vierte aproximadamente un cuarto de la masa en el molde con cuidado. Usando la masa para que las hojas se mantengan en su sitio colócalas pegadas a los laterales del molde. Llénalo con más masa y adorna los bordes con más hojas si hay espacio para ello. Decora con 4 o 5 hojas y hornea durante 40 minutos. Baja el calor a 160 °C y hornea durante otros 12-15 minutos más, hasta que al hundir un palillo en el centro, salga limpio. Enfríalo en el molde de 15 a 20 minutos y luego colócalo sobre una rejilla. Este pastel puede conservarse hasta una semana.

Tarta de arándanos aromatizados con lilas

Para 1 tarta de 26,5 cm

Todo el mundo tiene su propia idea de lo que debería ser una tarta de frutas, idea que suele variar dependiendo del lugar de nacimiento y las influencias culturales. Al crecer en el sur, para mí esto significaba copiosas cantidades de fruta fresca con una cobertura rápida y fácil parecida al bizcocho. Por lo tanto, esta receta le da prioridad a la fruta pero incluye bastante masa de bizcocho dulce encima para absorber los zumos de la tarta así como cualquier helado que se le quiera añadir. Lo que distingue esta receta de otras es la miel y el azúcar de lila, pero también pueden usarse edulcorantes comunes, sin aromatizar.

Para el relleno de fruta

1020 g de moras frescas
85 g de azúcar de lilas (página 193)
15 g de arrurruz en polvo o harina de tapioca
1½ cucharaditas de ralladura de limón
25 g de zumo de limón

1 cucharadita de canela molida
½ cucharadita de sal
60 g de miel de lilas (página 193)

Para el bizcocho

240 g de harina común
1 cucharadita de levadura en polvo
½ cucharadita de bicarbonato
½ cucharadita de sal

115 g de mantequilla fría sin sal, en trozos
40 g de leche entera
200 g de iniciador con una hidratación del 100%
½ cucharadita de extracto de vainilla
40 g de azúcar de lilas

Prepara el relleno: Precalienta el horno a 205 °C. Pon las bayas y el azúcar en una fuente de hornear. Espolvorea por encima el arrurruz, junto con la ralladura y el zumo de limón, la canela y la sal. Rocía la miel y remueve hasta que queden cubiertas de manera uniforme.

Prepara el bizcocho: en un bol grande, mezcla la harina, la levadura en polvo, el bicarbonato y la sal. Con los dedos masajea la mantequilla con la harina hasta conseguir una textura granulosa. En otro bol, mediano, mezcla la leche, el iniciador y la vainilla y bate con un tenedor hasta que estén bien mezcladas. Vierte la mezcla de harina y remuévela suavemente con una cuchara de madera hasta mezclarla bien. Trabaja con rapidez y no mezcles excesivamente la masa; de lo contrario el bizcocho no será ligero ni esponjoso. Con las manos, ve repartiendo grandes porciones de masa sobre la mezcla de frutas, dejando espacios entre ellas. Espolvorea el azúcar.

Coloca una bandeja de hornear recubierta sobre la rejilla del horno y pon la fuente de la tarta encima. Hornea durante 30 minutos, o hasta que el relleno esté burbujeando y espeso y el bizcocho haya adquirido un color marrón dorado profundo. Sirve caliente con tu helado favorito de vainilla.

Hojaldres de chocolate y cerezas

Para 10 hojaldres de 7 x 12 cm

Cubiertos por una rica cobertura de chocolate y centeno y con su sabor equilibrado por el regusto fuerte del glaseado de queso de cabra, estos hojaldres son una versión mucho más deliciosa de los empaquetados y excesivamente dulces que puedes encontrar en las tiendas.

Para el relleno
0,5 kg de cerezas frescas,
    sin hueso
65 g de azúcar granulado
30 g de zumo de limón fresco
1 cucharada de arrurruz en polvo

Para la cobertura
325 g de harina de centeno,
    tamizada
125 g de cacao en polvo
70 g de azúcar granulado
¾ de cucharadita de sal marina
285 g de mantequilla fría sin sal,
    en trozos
150 g de iniciador con una
    hidratación del 100%
30 g de vodka, helado

Para el barniz
1 yema grande de huevo, batida
Una pizca de nata

Para el glaseado
80 g de queso fresco de cabra
50 g de azúcar glas
20 g de nata espesa
½ cucharadita de extracto
    de vainilla

Prepara el relleno: prepara el relleno una semana antes. Deshuesa las cerezas usando un deshuesador o el pulgar. Pícalas, dejando algunos trozos grandes, y colócalas en una cazuela a fuego medio. Remueve con frecuencia para impedir que se peguen y se quemen. Tras unos cuantos minutos, las cerezas soltarán sus jugos. Sigue cociendo hasta que se ablanden visiblemente, de 12 a 14 minutos. Añade el azúcar y el zumo de limón y cocina de 5 a 6 minutos más, hasta que los líquidos empiecen a espesarse. Espolvorea el arrurruz sobre la mezcla y remueve continuamente hasta que esté lo bastante espeso para cubrir la cuchara, de 1 a 2 minutos. Aparta del fuego y deja enfriar.

Prepara la cobertura: en un bol mediano o un procesador de alimentos, mezcla la harina, el cacao, el azúcar y la sal. Trocea la mantequilla o procésala hasta que se aprecien una especie de migas gruesas. Añade el iniciador y el vodka y mezcla hasta que la masa empiece a aglutinarse. Comprueba su consistencia apretándola con los dedos y agrega ½ cucharada más de vodka si es necesario. Coloca la masa en una superficie enharinada y divídela en dos, formando rectángulos gruesos. Con la mantequilla se formarán vetas en la masa oscura. ¡No te preocupes: eso hará que el hojaldre resulte más laminado! Envuelve en un plástico y guarda en el frigorífico durante un mínimo de 30 minutos y un máximo de 12 horas.

Prepara los hojaldres: precalienta el horno a 200 °C y saca la masa del frigorífico. Extiende cada rectángulo hasta alcanzar un grosor de 0,3 cm y un tamaño de unos 25 × 38 cm. Recorta los bordes desiguales y corta cada rectángulo en 5 hojaldres del mismo tamaño. Luego vuelve a cortarlos por la mitad. Debería haber

un total de 20 rectángulos de masa. Empleando la espátula, pasa 10 trozos a una bandeja para hornear recubierta. Vierte 2 cucharadas del relleno de cerezas en cada trozo de masa, extendiéndolo a 0,6 cm de los bordes. Pinta los bordes con el huevo batido y coloca el resto de los rectángulos encima. Usando un tenedor, presiona los bordes para cerrarlos y pincha la parte superior con objeto de que pueda salir el vapor.

Hornea los hojaldres: hornea de 16 a 18 minutos, hasta que los bordes estén firmes y la cocina perfumada. Déjalos enfriar sobre una rejilla hasta que estén listos para el glaseado.

Prepara el glaseado: mientras los hojaldres se enfrían, desmenuza el queso de cabra en un bol mediano. Añade el azúcar glas, la nata espesa y la vainilla. Con un batidor manual, mezcla hasta que quede una masa homogénea. Cubre con un plástico y guarda en el frigorífico hasta que vayas a usarlo.

Cuando los hojaldres estén completamente fríos, unta generosamente la superficie de glaseado. Si no van a comerse enseguida, aguantan bien en el frigorífico durante todo 1 día, y con el glaseado se fija estupendamente cuando están fríos.

Pastel de chocolate y moras con quinoa germinada

PARA 1 PASTEL DE DOS CAPAS DE 22 CM

Para poder disfrutar de la riqueza nutritiva de la quinoa, es importante eliminar los antinutrientes ja-bonosos, llamados saponinas, presentes de manera natural en ella. Estas sustancias protectoras pueden encontrarse en muchos cereales, pseudocereales y legumbres, y ayudan a defender las semillas contra predadores disolviendo las membranas celulares de su intestino. Con objeto de proteger tu propio re-vestimiento intestinal al consumir estos alimentos, que por lo demás son muy nutritivos, lo primero que debes hacer es enjuagar el grano antes de cocerlo. Sabrás que has completado el proceso cuando el agua de enjuagar salga limpia.

Para esta receta puedes sencillamente usar quinoa enjuagada y cocinada, pero hay un tratamien-to adicional, previo a la cocción, que te ayudará a proteger mejor tus intestinos y que además liberará más componentes nutritivos: ¡germínala! La quinoa es una de las semillas comestibles más fáciles de

germinar y requiere mucho menos tiempo y cuidados que los granos de trigo, por ejemplo. Una vez que la quinoa esté cocinada y mezclada con porciones de chocolate, tendrás un pastel exquisito, con un contenido proteínico elevado y ¡mucho más sano de lo que sugiere su delicioso sabor!

Para el pastel
170 g de quinoa seca (de cualquier variedad)
260 g de agua
170 g de panela, rallada
115 g dede mantequilla sin sal
115 g de chocolate sin azúcar
100 g de iniciador con una hidratación del 100%
4 huevos grandes

45 g de cacao en polvo
1 cucharadita de bicarbonato
½ cucharadita de sal

Para el glaseado de queso crema
225 g de queso crema, reblandecido
50 g de azúcar glas

1 cucharadita de extracto de vainilla
½ cucharadita de extracto de almendra
185 g de nata espesa
25 g de jarabe de arce

Añadidos
55 g de lágrimas de cacao
455 g de moras frescas

Germina la quinoa: empieza 1 o 2 días antes de que vayas a preparar el pastel. Enjuaga bien los granos secos y déjalos en remojo en abundante agua durante 1 hora. Escúrrelos y extiéndelos sobre una bandeja para hornear. Cúbrelos con un paño húmedo y colócalos en un lugar cálido 1 o 2 días, removiendo de vez en cuando y asegurándote de que el paño sigue estando húmedo. Cuando los granos de quinoa muestren una radícula visible, estarán listos para cocinar. Colócalos en una cazuela con el agua, cúbrela y cocina hasta que se absorba toda el agua. Enfría totalmente.

Prepara el pastel: precalienta el horno a 175 °C y cubre dos moldes para pasteles con papel de hornear ligeramente engrasado y enharinado. Coloca la panela, la mantequilla y el chocolate en una cacerola o al baño María y calienta a fuego lento, moviendo con frecuencia, hasta que la mantequilla y el chocolate estén completamente fundidos y la mezcla sea homogénea. Aparta del fuego y deja que se enfríe. Añade el iniciador y los huevos y bátelos con un tenedor. Coloca la quinoa cocida en un bol mediano y espolvorea

el cacao y el bicarbonato, pasándolos por un tamiz, sobre la superficie. Agrega la sal y remueve para mezclar. Añade la mezcla de chocolate y remueve hasta que se forme una masa espesa. Divide la masa en dos moldes para pasteles y hornea de 25 a 27 minutos, rotando los moldes a mitad del proceso. Los pasteles estarán hechos cuando empiecen a separarse de los lados del molde y un palillo insertado en el centro salga limpio. Déjalo reposar en una rejilla de 7 a 10 minutos y luego ponlo a enfriar.

Prepara el glaseado: en un bol mediano, bate el queso crema con el azúcar glas. Añade los extractos, la nata y el jarabe de arce y mézclalo todo hasta que quede sin grumos. Cuando el pastel se haya enfriado por completo, coloca una capa en un plato y añade otra de glaseado. Espolvorea por encima algunas lágrimas de cacao y una capa de moras frescas. Coloca la segunda capa e incorpora el resto del glaseado a la parte superior y a los laterales. Decora con el resto de las lágrimas de cacao y las moras. Mantén en el frigorífico hasta que esté listo para servir.

MUFFINS DE MELOCOTÓN Y LAVANDA

PARA 8 MUFFINS GRANDES DE 5 x 7,5 CM

Estos *muffins* de cereal integral surgen de mi amor por las frutas con hueso y la lavanda, una combinación perfecta para tomar en pleno verano. Tienen un sabor delicado, levemente floral, y una miga tierna y esponjosa; son perfectos para tomar con el té o como desayuno.

Para la cobertura
70 g de harina de cebada
25 g de azúcar granulado
43 g de mantequilla sin sal
64 g de pacanas, picadas

Para los *muffins*
2 cucharadas de lavanda seca
135 g de harina de cebada
135 g de harina común

1 cucharadita de levadura
    en polvo
½ cucharadita de bicarbonato
½ cucharadita de sal marina
1½ cucharaditas de ralladura
    de limón
100 g de azúcar granulado
115 g de mantequilla sin sal,
    reblandecida
1 huevo

40 g de miel de flor de lavanda
1 cucharadita de extracto
    de vainilla
200 g de iniciador con una
    hidratación del 100%
285 g de leche entera
225 g de melocotones frescos

Precalienta el horno a 200 °C y engrasa ligeramente ocho moldes grandes de *muffins*.

Prepara la cobertura: para preparar la cobertura, mezcla la harina de cebada y el azúcar en un bol pequeño. Trocea la mantequilla y trabájala con los dedos hasta que tenga la textura de la harina de maíz. Agrega las pacanas y aparta la mezcla.

Prepara los *muffins*: machaca la lavanda en un mortero hasta que esté triturada. Mézclala con las harinas, la levadura en polvo, el bicarbonato y la sal en un bol pequeño. En otro bol mediano, machaca la ralladura de limón con el azúcar usando la parte posterior de una cuchara para que desprenda los aceites. Añade la mantequilla y bate con una batidora de mano hasta que la mezcla tenga un color claro y esté esponjosa, unos 5 minutos. Agrega el huevo, la miel y la vainilla. Añade el iniciador, bate con un tenedor e incorpora la leche. Ve añadiendo la mezcla de harina en tres tandas, removiendo cada vez hasta que todo esté bien mezclado. Agrega los melocotones. Llena de masa con una cuchara los moldes de *muffins* hasta casi 1 cm del borde e incorpora la cobertura. Hornea de 24 a 26 minutos, o hasta que al hacer la prueba del palillo, este salga limpio. Enfría en una rejilla. Es mejor servirlos el mismo día.

Rebanadas de hinojo, naranja y almendras

De 7 a 8 docenas

Se sabe que las hojas color bronce del hinojo son una fuente de alimento para las orugas de la mariposa cola de golondrina y que las flores umbelíferas bullen con la actividad de los insectos cuando el calor del verano gana fuerza. Esta exhibición de biodiversidad de la naturaleza es hipnotizante, y también es la señal de que está sucediendo algo espectacular. Un año seguí esta pista y recogí polen de hinojo. Me sorprendió su ligero sabor a cítrico y regaliz. Desde entonces, he cultivado mi amor por el hinojo. Para esta receta cosecho la semilla cuando aún es joven. Si no dispones de hinojo, también puedes utilizar anís.

4 huevos grandes
150 g de azúcar granulado
1 cucharadita de sal
100 g de iniciador con una
   hidratación del 100%

½ cucharada de semillas enteras
   de hinojo o de anís seco
90 g de piel de naranja confitada,
   picada

260 g de almendras enteras
   crudas
400 g de harina de trigo integral
70 g de harina de maíz media

Precalienta el horno a 175 °C. En un bol mediano, bate los huevos, el azúcar y la sal con una batidora de mano a velocidad alta hasta que la mezcla se espese. Añade el iniciador, las semillas de hinojo, la piel de naranja y las almendras y mezcla bien con una cuchara de madera. Agrega las harinas en varias tandas, removiendo tras cada adición hasta que estén hidratadas. Humedécete las manos para impedir que la masa viscosa se quede pegada a ellas. Haz dos cilindros de 24 × 9 cm con la masa y colócalos en una bandeja recubierta de papel de hornear. Hornea, rotando a mitad del proceso, de 25 a 30 minutos, hasta que las partes superiores adquieran un color dorado. Saca del horno y enfría la bandeja en una rejilla de 20 a 25 minutos, dejando que la miga se asiente. Con un cuchillo de cocina afilado, corta los cilindros en rebanadas de alrededor de 0,3 cm de grosor. Colócalas en una bandeja de hornear recubierta de papel y hornea hasta que los bordes se vuelvan dorados, de 18 a 22 minutos más, dependiendo del grosor. Se conservarán bien durante varias semanas si los mantienes en un recipiente hermético.

Foeniculum vulgare
'Purpureum'
(hinojo de hojas rojas)

Cuando empecé a trabajar como conservadora de la Rosaleda Cranford en el Jardín Botánico de Brooklyn, quería desmentir la presunción de que se necesitaban copiosas cantidades de aerosoles y fertilizantes para que las rosas se exhibieran en todo su esplendor. La fragante exhibición de junio atrae a centenares de personas, y yo quería asegurarme de que cada primavera la rosaleda estuviera repleta de flores olorosas y hojas cuidadas. Uno de mis métodos iniciales fue incorporar otras plantas además de las rosas para añadir diversidad y longevidad estacional y para ayudar a mejorar el suelo. Busqué selecciones anuales y perennes que atraían a insectos benignos, creando así un equilibrio entre estos y los nocivos que suelen asociarse con los monocultivos.

Entre la flor de saúco, la manzanilla y otras plantas para jardín, sembré hinojo. ¡No tenía ni idea de que esa planta se iba a convertir en un monstruo! Desde entonces, cada año he pensado en arrancarla, ya que sus numerosas semillas hacen que se expanda por todas partes.

Pero la plantación original ha sobrevivido a la azada. Se ha ganado su derecho a seguir ahí no solo por su delicada presencia plumosa y sus melancólicas hojas oscuras, sino por la diversidad de insectos beneficiosos que atrae.

LAHMACUN

PARA SEIS TORTAS DE 21 CM

Este apreciado plato popular turco se parece a la *pizza*, pero al contrario que esta, su masa fina queda en segundo lugar con respecto a los ingredientes que la cubren, en este caso una mezcla picante de cordero, tomates y hierbas. Esta masa, que no es la tradicional, está hecha de harina integral de trigo con linaza añadida para proporcionarle una mayor textura y valor nutritivo. Se enrolla como si fuera una flauta con lechuga, menta fresca y perejil; puedes comerla sin nada encima o rellena de tomates o berenjena asados. Aderézala con limón recién exprimido, *sumac* y una pizca de salsa de yogur para sentirte como si pasearas por las calles de Estambul.

Para la masa
100 g de iniciador con una
   hidratación del 100%,
   refrescado (alimentado)
290 g de agua
255 g de harina de trigo integral
140 g de harina de panadería
15 g de linaza molida
8 g de sal marina
1 cucharada de semillas de lino

Para la guarnición
30 g de aceite de oliva virgen extra
55 g de pasta de tomate
115 g de cebolla, picada
   gruesamente
5 dientes de ajo
1 cucharada de jalapeño sin
   semillas y picado gruesamente
½ cucharadita de pimentón
1 cucharadita de comino molido
¾ de cucharadita de canela molida
½ cucharadita de guindilla
   en láminas
1 cucharadita de sal marina
0,5 kg de cordero picado
120 g de tomate fresco, picado
1½ cucharadas de perejil picado

Prepara la masa: Mezcla el iniciador y el agua en un bol mediano para formar una pasta. Añade las harinas y la linaza molida y mezcla hasta que estén hidratadas y sin grumos. Cubre con plástico y deja que autolice durante 20 minutos. Espolvorea la sal y las semillas de lino enteras en la masa y mezcla hasta que estén completamente incorporadas. Cubre con un plástico y deja que la masa fermente de 3 a 4 horas, estirando y plegando cada 30-45 minutos. Cuando su tamaño casi se haya duplicado, cubre y retarda al menos durante 8 horas en el frigorífico.

Prepara la guarnición: como mínimo 8 horas antes de hornear para asegurarte de que toma todo el sabor, prepara la guarnición de cordero. En una batidora o procesador de alimentos, vierte el aceite, la pasta de tomate, la cebolla, el ajo, el jalapeño, las especias y la sal. Bate a velocidad alta hasta formar una salsa espesa. Pásala a un bol mediano y añade el cordero picado. Agrega el tomate y el perejil frescos, cubre y conserva en el frigorífico durante toda la noche.

Prepara las tortas: saca la masa del frigorífico 1 hora antes de hacer las tortas. Precalienta la piedra del horno a 230 °C. Divide la masa en 6 bolas y cubre con un plástico para dejarla reposar durante 5 minutos sobre la encimera. Con un rodillo de amasar bien enharinado, extiende la bola formando una torta fina de unos 20 cm. Colócala sobre un trozo de papel de hornear con una capa generosa de carne de cordero picada, extendida hasta los bordes. Repite con el resto de la masa y de la guarnición.

Coloca un trozo de papel de hornear con una torta sobre la piedra precalentada y hornea hasta que la masa esté dorada y el cordero hecho, de 8 a 10 minutos. Repite con el resto de las tortas y sirve caliente o a temperatura ambiente.

Tartaletas de frambuesa, lima y tequila

Para 6 tartaletas de unos 9 cm

Los sabores de esta pareja de ingredientes clásica y previsible formada por la frambuesa y la lima solo se mejoran añadiendo un poco de tequila. Usa uno que sea fragante, suave y complejo, por ejemplo un reposado o un añejo. Si preparas esta receta en meses más fríos, intenta sustituir las frambuesas por arándanos y naranja para crear un magnífico postre de temporada.

Para la masa quebrada

115 g de harina común

½ cucharada de azúcar granulado

¼ de cucharadita de sal

60 g de mantequilla sin sal

50 g de iniciador con una hidratación del 100%

40-50 g de vodka o agua helados

Para la salsa de frambuesas

340 g de frambuesas frescas

15 g de zumo fresco de lima

50 g de azúcar granulado

30 g de miel suave

25 g de tequila

Para el relleno de queso y lima

150 g de queso crema, reblandecido

25 g de azúcar granulada

1 yema de huevo grande

15 g de zumo fresco de lima

25 g de tequila

½ cucharada de ralladuras de lima

Para la decoración

Salsa de frambuesa

Nata montada

Menta fresca y flores comestibles

Prepara la masa quebrada: en un bol mediano o en un procesador de alimentos, mezcla la harina, el azúcar y la sal. Trocea o procesa la mantequilla hasta que aparezcan unas migas gruesas. Añade el iniciador y el vodka y mezcla hasta que la masa se vuelva compacta. Coloca sobre una superficie ligeramente enharinada y amasa suavemente una o dos veces. Forma un disco y cúbrelo con plástico. Guarda en el frigorífico durante un mínimo de 30 minutos y un máximo de 1 día. También puedes prepararlo con antelación y mantenerlo en el congelador hasta 2 semanas.

Prepara la salsa de frambuesas: mezcla las frambuesas y el zumo de lima en una cazuela y cuece a fuego medio-bajo hasta que la fruta suelte sus jugos. Añade el azúcar y la miel y sigue cociendo, removiendo de vez en cuando hasta que la mezcla se espese, unos 20 minutos. Agrega el tequila y cocina de 2 a 3 minutos más. Deja enfriar y luego cuela con un tamiz, teniendo cuidado de pasar toda la pulpa a través de él.

Prepara el relleno: en un bol grande, mezcla el queso crema y el azúcar. Añade la yema y bátela hasta que esté bien mezclada. Agrega el zumo de lima, el tequila y la ralladura de lima y bate hasta mezclar bien.

Prepara las tartaletas: precalienta el horno a 175 ºC. Saca la masa del frigorífico y deja que se ablande a temperatura ambiente, unos 5 minutos. Extiende la masa en una superficie ligeramente enharinada. Coloca los moldes de tartaletas boca abajo sobre la masa y córtala a poco más de 1 cm del borde. Presiona la masa suavemente en el molde y recorta la que sobre. Vuelve a trabajar la masa si es necesario para llenar todos los moldes. Hornea a ciegas de 13 a 15 minutos, hasta que los bordes estén firmes, pero no dorados. Saca del horno y enfría en una rejilla.

Sirve el relleno de queso y lima con una cuchara en las tartaletas una vez que estén frías. Hornea en la rejilla del centro durante 30 minutos, hasta que la parte media se haga y el relleno empiece a colorearse ligeramente. Enfría en una rejilla. Adorna con la salsa de frambuesas, la nata montada, la menta y las flores frescas comestibles. Aguantará bien hasta 1 semana cerrado y en el frigorífico.

RECURSOS (EN INGLÉS)

Harina de calidad cultivada conscientemente
Anson Mills, Columbia, SC
www.ansonmills.com
803-467-4122

Blue Bird Grain Farms,
Winthrop, WA
www.bluebirdgrainfarms.com
509-996-3526 o 888-232-0331

Carolina Ground, Asheville, NC
www.carolinaground.com

Community Grains, Oakland, CA
www.communitygrains.com
510-547-3737

Farmer-Ground Flour
via Cayuga Pure Organics,
Brooktondale, NY
www.cporganics.com
607-793-0085

Grist and Toll, Los Ángeles, CA
www.gristandtoll.com
626-441-7400

Hayden Flour Mills, Phoenix, AZ
www.haydenflourmills.com
480-557-0031

Louismill, Louisville, KY
www.louismill.com
502-439-0528

The Mill, San Francisco, CA
www.themillsf.com
415-345-1953

Wild Hive Community Grain
Project, Clinton Corners, NY
www.wildhivefarm.com
845-266-0660

Cocina de lujo y herramientas de jardín
Breadtopia
www.breadtopia.com
800-469-7989

Brook Farm General Store
www.brookfarmgeneralstore.com

Kaufman Mercantile
www.kaufmann-mercantile.com

Provisions by Food52
www.food52.com/provisions

Terrain
www.shopterrain.com

Condimenta tu vida
Dual Specialty Store,
Nueva York, NY
www.dualspecialty.com
212-979-6045

Kalustyan's, Nueva York, NY
www.kalustyans.com
800-352-3451

Sahadi's, Brooklyn, NY
www.sahadis.com

Cultívalo tú mismo
Baker Creek Heirloom Seeds
www.rareseeds.com

Chiltern Seeds
www.chilternseeds.co.uk

Fedco Seeds
www.fedcoseeds.com

Jelitto Perennial Seeds
www.jelitto.com

J. L. Hudson, Seedsman
www.jlhudsonseeds.com

Johnny's Seeds
www.johnnyseeds.com

Richters Herb Specialists
www.richters.com

Seed Savers Exchange
www.seedsavers.org

Select Seeds
www.selectseeds.com

LECTURAS COMPLEMENTARIAS

Baker, Josey, *Josey Baker Bread: Get Baking-Make Awesome Bread-Share the Loaves* (Chronicle, 2014).

Barber, Dan, *The Third Plate: Field Notes on the Future of Food* (Penguin, 2014).

Ellix Katz, Sandor. *The Art of Fermentation: An In-Depth Exploration of Essential Concepts and Processes from Around the World* (Chelsea Green, 2012).

King, Andy y King, Jackie, *Baking by Hand: Make the Best Artisanal Breads and Pastries Better without a Mixer* (Page Street, 2013).

Hamelman, Jeffrey, *Bread: A Baker's Book of Techniques and Recipes*, 2.ª ed (Wiley, 2012).

Peter Reinhart, *The Bread Baker's Apprentice: Mastering the Art of Extraordinary Bread* (Ten Speed Press, 2001).

Robertson, Chad, *Tartine Book No. 3: Modern, Ancient, Classic, Whole* (Chronicle, 2013).

Silverman, Nancy, *Nancy Silverman's Breads from the La Brea Bakery: Breads for the Connoisseur* (Villard, 1996).

Acerca de la fotógrafa

Ngoc Minh Ngo es una fotógrafa autodidacta que estudió diseño paisajístico en la Universidad de Columbia. Sus textos y sus fotografías han aparecido en publicaciones internacionales como *Elle Decoration UK*, *Martha Stewart Living*, *House Beautiful* y *Garden Design*. Es autora de *Bringing Nature Home* (Rizzoli, 2012), que ha sido descrito como «probablemente el libro de diseño floral más bello (y accesible)». Su obra explora la belleza intrínseca de las plantas y la naturaleza y celebra la obra creativa de artesanos, artistas y todo tipo de diseñadores.

Su página web es www.ngocminhngo.com.

Acerca de la autora

Sarah Owens creció en Clinton (Tennessee) y es licenciada en arte y especializada en cerámica por la Universidad de Bellarmine en Louisville (Kentucky). Es la dueña de BK17 Bakery (www.BK17Bakery.com), una pequeña panadería artesana que comenzó en Brooklyn (Nueva York). Tras recibir un título de la Escuela de Horticultura Profesional del Jardín Botánico de Nueva York, trabajó durante seis años como conservadora de la Rosaleda Cranford y del Rose Arc Pool en el Jardín Botánico de Brooklyn. Antes de entrar en el BBG, trabajó en muchos jardines del área urbana de Nueva York, entre ellos los del Museo Nacional de Diseño de Cooper-Hewitt y los de Battery Conservancy. A Sara es fácil sorprenderla con las manos en la masa (o en la tierra o en la arcilla).

AGRADECIMIENTOS

Mi agradecimiento a Jeanne Rostaing y Marie Viljoen, cuyos artículos en *Gardenista* y *Edible Brooklyn* respectivamente difundieron sus conocimientos sobre la fermentación con masa madre. Sus textos llamaron la atención de mi intrépida e ingeniosa agente, Coleen O´Shea, con la que siempre puedo contar para recibir orientación profesional y compartir unas risas. A mi editora, Rochelle Bourgault, de Roost Books, que supo dar una forma comprensible a mi texto y mis recetas y cuya delicada labor de edición me ayudó a encontrar mi voz literaria.

A mis padres, que me proporcionaron una espléndida educación y me animaron a vivir la naturaleza en todas sus manifestaciones, incluido el barro. ¡Con el tiempo le saqué provecho a todas esas horas que pasé arrodillada en un rosal o en una plantación de habas! A Boshko Boskovic y a los numerosas amigos íntimos (la familia que he elegido) que han explorado conmigo la belleza y la ternura de una vida creativa, en ocasiones muy poco convencional.

A Mark Fisher, el director de horticultura del Jardín Botánico de Brooklyn. Su entusiasmo y su apoyo me permitieron desarrollar mis habilidades para el diseño y la conservación de jardines gracias a la libertad que me concedió para cultivar la Rosaleda de Cranford. Al personal de horticultura que probó una y otra vez cada una de las recetas con aplausos entusiastas, incluso cuando cometía un error. Al departamento de publicaciones, interpretación y *marketing* por mostrar siempre una curiosidad que trasciende la belleza superficial de las rosas. Y al departamento de recursos humanos (que siempre quería más pan), por tolerar mis largas ausencias durante el desarrollo de este libro.

A Miriam y Gregg Weiner, los fundadores originales de Greenwich Heights CSA, que se arriesgaron a permitirme repartir barras de pan integral por nuestro barrio de Brooklyn. Gracias a los leales suscriptores de CSA mejoré mi destreza a la hora de elaborar un buen pan. A mis amigos y vecinos, y a los dueños de la casa donde vivo, Dan y Cindy Menz-Erb, que jamás se quejaron de las nubes de harina que flotaban por las escaleras de mi apartamento de la última planta.

A todos los grandes panaderos que han dedicado su vida al oficio y compartido sus conocimientos escribiendo libros. Tengo una caja repleta de estos libros, que han sido mi mayor fuente de inspiración para tratar de alcanzar la siempre esquiva perfección a la hora de preparar una hogaza. Gracias al equipo de desarrollo de web Food 52, que se suscribió al servicio de reparto de pan desde su origen. A la comunidad internacional de masa madre en Instagram, cuya apertura y generosidad han hecho que se siguiera hablando de #realbread.

Gracias a Frances Boswell: su mano ligera y segura ayudó a crear muchas de las imágenes de este libro. Y finalmente, a mi fotógrafa, Ngoc Minh Ngo, y a su familia, que aguantó pacientemente mi curva de aprendizaje con este proyecto y sobrellevó sus diversas fases de desarrollo. Nos conocimos entre el perfume de las rosas y hemos llegado a discutir por el emplazamiento de las migajas pero siempre compartiremos una misma apreciación de la belleza y el movimiento de las estaciones.

ÍNDICE TEMÁTICO

3 | 18

ÍNDICE